Michiaki und Hildegard Horie

Das verlorene Ich

Vom Minderwertigkeitsgefühl
zur Selbstfindung

R. BROCKHAUS

R. Brockhaus Taschenbuch Bd. 368

7. Taschenbuchauflage 1992

© 1982 R. Brockhaus Verlag Wuppertal
Umschlaggestaltung: Carsten Buschke, Solingen
Umschlagfoto: ARTREFERENCE/Mayer-Norten
Gesamtherstellung: Breklumer Druckerei Manfred Siegel KG

ISBN 3-417-20368-6

VORWORT

Ein Buch ist ein Angebot. Die Frage ist: Wird es mir weiterhelfen? Mir eine tiefere Einsicht vermitteln, eine neue Schau? Hilft es, das Bild in mir herauszuarbeiten, das ich widerspiegeln soll?

Der Ehrgeiz, uns mit Informationen vollzustopfen, um überall mitreden zu können, zeugt jedoch von unserem Bemühen, vor anderen etwas zu gelten. Dahinter steckt letztlich die Angst, als minderwertig angesehen zu werden. Trotz aller Erfolge und der daraus resultierenden Überheblichkeit leidet die Menschheit noch immer an dem Gefühl der Minderwertigkeit.

Was ist eigentlich dieses Minderwertigkeitsgefühl? Wie entsteht es und wie können wir damit fertig werden?

Das vorliegende Buch versucht, auf diese Frage eine Antwort zu geben. Wir sind nicht daran interessiert, einen Diskussionsbeitrag zu einem aktuellen Thema zu leisten oder eine wissenschaftliche Analyse vorzulegen. Es soll keine zeitkritische Studie sein, sondern praktische Lebenshilfe. Darum möchten wir denjenigen einen neuen Denkanstoß geben, die in irgendeiner Weise mit ihrem Leben nicht zufrieden sind, die sich danach sehnen, wieder Mensch zu sein, d. h. einer, der nicht einfach konsumiert, sondern einen tieferen Sinn in seinem Dasein sieht.

Sollte jemand in den dargestellten Beispielen seine eigene Lebenssituation geschildert sehen, so ist das rein zufällig; denn die beschriebenen Personen und Zustände sind nicht identisch mit bekannten Menschen, es sei denn, es wurde uns ausdrücklich die Erlaubnis zur Veröffentlichung erteilt.

Hordthaus, im Mai 1982

INHALT

Einleitung

Die Menschheit ist in eine Sackgasse geraten. Instinktiv spürt sie, daß ihr selbst erschaffenes Paradies zur Todesfalle wird. Verzweifelt versucht sie, aus dieser Misere herauszukommen; aber alle Versuche können sie nicht darüber hinwegtäuschen, daß ihre Situation vom Tode bedroht ist. Versucht der Mensch, ein Problem zu lösen, so beschwört er zugleich ein neues, noch schwerwiegenderes herauf. Er befragt die Wissenschaft – und fühlt sich allein gelassen, verraten. Zwar spricht er die Sprache der Wissenschaft, wie er gelehrt worden ist, aber in seinem Wesen sieht er sich nicht verstanden. Er versucht, dieses Wesen Mensch zu erfassen und erhebt die Psychologie zu seinem Gott, als könnte ihm von dort Hilfe kommen. Er huldigt ihr und tut alles, was sie verlangt. Er fragt sie in allen Angelegenheiten um Rat. Wer wagt es noch, aus eigenem Instinkt eine Entscheidung zu treffen? Wenn eine Entscheidung nicht den Stempel der Psychologie trägt, fühlt man sich verunsichert. So werden Menschen nach einem Schema getestet und ihr Verhalten nach einer vorgefertigten Norm begutachtet. Und mit welch einem Aufwand wird das Ich durchanalysiert! Aber ist der Mensch dadurch menschlicher geworden? Hat er den Sinn seines Daseins erkannt?

Noch kann sich die Menschheit den Luxus der Psychologie leisten. Doch – wie lange?

Alles hat seine Zeit. Auch die Psychologie. Solange sie unsere Dienerin ist, können wir uns gewisse Einsichten zunutze machen. Doch hüten wir uns, daß sie uns nicht in ihre Dienste zwingt! Denn was uns heute fehlt, sind nicht detaillierteres Wissen und neue Methoden, sondern Weisheit, die den Mut hat, auf die Stimme in uns zu hören. Die zurecht biegt, was verbogen ist; verbindet, was verwundet ist, und aufrichtet, was daniederliegt. Eine Weisheit, die dem Menschen zu seinem Menschsein verhilft. Das aber bedeutet: Wir müssen zur Quelle der Weisheit zurück.

Der Mensch wird heute gelehrt, eigene Wege zu gehen. Wege der Auflehnung. Der Aggression. Autoritäten werden erbarmungslos abgesetzt. Traditionen mitleidig bespöttelt. Diese ethische Revolution wird in besonderer Weise im pädagogischen Bereich deutlich. Die kritische Methode wird zum Lehrprogramm. Aber nicht Abschaffung aller Werte und Auflösung der Tradition, nicht Urschrei und Promiskuität werden den Menschen erlösen. Das alles sind nichts als perverse Versuche, die den Menschen noch tiefer in die Versklavung treiben.

Es gibt keine Freiheit ohne Grenze. Wenn unter Selbstverwirklichung nichts anderes verstanden wird als das egoistische Ausleben eigener Triebhaftigkeit, so wird eine Generation Aufständischer herangezogen, deren Ziel lustvolle Zerstörung ist.

Ist der Mensch glücklicher geworden? Er hat seine vermeintlichen Rechte kennengelernt. Aber seine Verantwortung wurde weithin verschwiegen. Der Mensch ist stolz auf seine Erfolge. Ihm ist in der Tat gelungen, wovon Generationen vor ihm nicht einmal zu träumen vermochten. Doch jeder Fort-Schritt ist zugleich ein weiterer Schritt fort. Fort von dem Ursprung, der auch Ziel des Menschen ist. Wenn wir uns den Menschen heute ansehen, müssen wir uns fragen: Ist er durch all sein Wissen weitergekommen?

Trotz aller Aufklärung kann er das Dunkel in sich selbst nicht aufhellen.

Trotz aller Kenntnisse ist er unwissend geblieben.

Trotz aller Sozialisierung ist er ärmer geworden als je. Denn er weiß nicht, wer er ist.

Trotz aller Fortschritte in der Medizin hat es noch zu keiner Zeit so viele kranke Menschen gegeben.

Trotz aller Psychologie ist der Mensch orientierungsloser denn je. Bei aller Selbstherrlichkeit fühlt er sich minderwertig. Unterlegen. Ausgeliefert. Und krank.

Fragen der Identität

Die verlorene Identität

Was ist eigentlich Identität? Wir sprechen von Identifizierung, wenn der Name eines Toten nicht bekannt ist. Anhand von Beweisstücken oder einer gerichtsmedizinischen Untersuchung soll herausgefunden werden, wer dieser Tote war. Identifizierung ist die völlige Übereinstimmung, die Wesensgleichheit. Wie das Spiegelbild, das eine Person widerspiegelt.

In der Schizophrenie ist das Wesen des Menschen, sein Ich, gespalten. Diese Absplitterung ist nicht Er – selbst, sondern ein Teil von ihm, das er zugleich als fremd empfindet.

Identität umfaßt den Kern des Menschen, sein Wesen, seine Persönlichkeit. Es stehen nicht zwei Wesen einander gegenüber; obschon dieses Wesen verschiedene Gesichter tragen kann, sind sie doch Ausdruck ein und derselben Person. Identität ist auch nicht eine Maske, die man tragen oder ablegen kann. Identität ist die wirkliche Seinsweise. Das, was der Mensch in Wirklichkeit ist.

Wenn ich meine Identität verloren habe, so weiß ich nicht mehr, wer ich bin. Bin ich der eine – oder der andere. Oder vielleicht beide zugleich? Ich kann meinen Kern, mein eigentliches Selbst, nicht wiederfinden. Ich lasse mich zu Handlungen oder Bemerkungen hinreißen, vor denen ich erschrecke, weil sie mir fremd sind. Ich selbst bin mir ein Fremder geworden.

Solange ich nicht zu mir selbst zurückgefunden habe, leidet dieses Ich und sehnt sich nach der Vereinigung, dem Eins-Sein mit sich selbst.

Nun hat jeder eine bestimmte Vorstellung von sich selbst, wobei das Bild einem Wunschdenken entspringen kann und nicht mit der Realität übereinzustimmen braucht.

Dieses Bild, das der Mensch von sich selbst hat, ist geprägt worden im Laufe der Jahre und entsteht durch Beziehung zu einem andern, einem Gegenüber. Ohne Spiegel könnten wir unsere eigene Gestalt, unser eigenes Gesicht nicht wiederfinden.

Um eine Vorstellung von uns selbst zu bekommen, muß uns ein Bild vorgehalten werden, das unsere Züge trägt. Rein äußerlich ist das der Spiegel, sei er aus Glas oder Wasser. Das innere Spiegelbild wird uns durch unsere Umwelt vorgehalten.

Wenn uns von Kind an ein bestimmtes Bild vermittelt wird, so prägt dieses Bild im Laufe der Zeit unsere Vorstellung – und damit auch unser Tun. Denn wir verhalten uns in der Regel so, wie es unserem Spiegelbild entspricht.

Die Identität wandelt sich im Verlauf eines Lebens. So gibt es eine kindliche Identität und die Identität eines Erwachsenen.

Das übernommene Bild

Jedes Kind bekommt ein Bild von sich selbst und eine Meinung über sich selbst dadurch, daß es die Meinung anderer Menschen übernimmt. Wenn ein Kind wieder und wieder von seinen Eltern hört, und es von seiner Umwelt bestätigt bekommt: »Du bist ein liebes Kind, du siehst hübsch aus, du bist begabt, deine Eltern sind großartige Leute!« so glaubt es daran. Die Welt ist heil. Da ist kein Bruch. Wenn dieses Kind mit anderen Kindern in Berührung kommt, fühlt es sich sicher und verhält sich dementsprechend. Ich will damit nicht sagen, daß wir unsere Kinder zu Halbgöttern erziehen und aus schwarz weiß machen sollen, indem wir alles beschönigen und gutheißen, was das Kind tut. Es geht hier um die Grundeinstellung, die positiv, bejahend sein muß. Das Kind braucht Ermutigung. Es ist ja von vornherein unterlegen und auf das Wohlwollen seiner Umgebung angewiesen.

Wenn ein Kind andererseits ständig kritisiert wird und bei jeder Gelegenheit zu hören bekommt: »Du kannst nichts, du bist dumm, deine Eltern taugen nichts!« so wird das Kind eines Tages davon überzeugt sein, daß es nichts taugt, und es wird sich seinem Bild entsprechend verhalten.

Vermutlich haben Sie bei kleinen Kindern schon die Beobachtung gemacht, daß sie sich sehr schnell in eine bestimmte Rolle verirren können. Wenn das Kind von einer Fernsehsendung beeindruckt ist, so identifiziert es sich mit der jeweiligen Fernsehfigur. Dann verhält es sich wie ein Held oder eine Heldin, eine Prinzessin oder von wem auch immer das Kind jeweils beeindruckt war.

Als unsere Tochter Ruth gerade drei Jahre alt war, lebte sie in einer Phase, in der Prinzen und Prinzessinnen ihr Gegenüber waren. In jener Zeit wollte uns jemand zu Hause anrufen. Unsere Tochter ging ans Telefon, ohne sich vorzustellen. Da wurde sie gefragt: »Wer ist denn da?« Und prompt kam die Antwort: »Die schönste Prinzessin des Hauses!«

Bilder sind wichtig für die Entwicklung des Kindes. Noch ist das Kind ein harmonisches, ganzheitliches Wesen. Aber unfertig. Alle Möglichkeiten schlummern in ihm gleichsam wie Bodenschätze tief im Innern der Erde.

Diese Möglichkeiten müssen angesprochen werden, damit sie sich entfalten können. Sie brauchen eine Herausforderung, wie die Pflanze die Sonne braucht und den Regen. Aber weil nicht nur eine Möglichkeit in dem Wesen Mensch schlummert, sondern viele, oft ganz entgegengesetzte, ist es entscheidend, wovon die Phantasie unserer Kinder genährt und geprägt wird. (Darum ist es unverantwortlich, das Fernsehen als Babysitter zu benutzen. Im Unterbewußten nisten sich Bilder ein und wirken wie ein verheerendes Gift.)

Das Kind lebt also zunächst von der Nachahmung. Es ahmt die Eltern nach, die Sprache der Eltern, die Bewegung. Und wenn es größer wird und seine Gedanken zu formulieren versteht, so entsprechen sie ganz dem Denken der Eltern. Was in den Augen der Eltern gut ist, empfindet auch das Kind als gut. Wenn die Eltern in Achtung und Liebe von einem andern Menschen sprechen, so wird das Kind diesem Menschen mit einer selbstverständlichen Zuneigung begegnen. Aber auch umgekehrt: Wenn die Eltern in Gegenwart des Kindes einen anderen kritisieren und herabsetzen, wird dem Kind der Zugang zu diesem Menschen versperrt. Wir können uns denken, was geschieht, wenn Vater und Mutter gegensätzlicher Meinung sind und ihre Ansichten lautstark vor dem Kind austragen. Oder, was noch verhängnisvoller ist: Vater oder Mutter beklagen sich in Gegenwart des Kindes übereinander. Das Kind wird hin- und hergerissen und weiß nicht, für welche Rolle es sich entscheiden soll, mit welcher Meinung es sich identifizieren soll. Es wird innerlich auseinandergerissen.

Die kindliche Identität ist kein starres Faktum. Sie bildet sich, weitet oder entfaltet sich und erhält die spezifische Prägung – je nach der Entwicklung. Wenn das Kind zum Kindergarten kommt oder in die Schule, dann wird es sich mit Gleichaltrigen vergleichen. Und oft muß es feststellen, daß dem Bild, das ihm bisher vermittelt worden war, ein anderes gegenübergestellt wird. Dabei kann diese frühkindliche Identität ins Schwanken geraten. Vielleicht werden jetzt andere gelobt und herausgestellt. Das Kind sieht sich entthront und stellt enttäuscht fest: Ich bin ja gar nicht die Klügste und Beste. Es gibt noch Klügere!

Nun gibt es Kinder, die bleiben wie selbstverständlich Mittelpunkt und nehmen auch weiterhin die Prinzenrolle ein. Da wird oft in späteren Jahren der Sturz desto härter.

Das Umgekehrte aber trifft auch zu: Das Kind, das immer zu hören bekam »du bist häßlich und taugst zu nichts«, wird jetzt vielleicht erkennen: So schlecht und so häßlich bin ich ja gar nicht! Da kann das Selbstwertgefühl des Kindes gesteigert werden.

Schon ein Kind vergleicht sich mit anderen. In dem Augenblick, in dem es aus der Wir-Phase heraustritt und sich selbst als eigenes Ich erkennt, also in einem Alter von etwa 3 Jahren, wird es anfangen, andere zu beobachten. Erst so kann es seinen eigenen Standort bestimmen. Der andere wird zum Spiegel. Solch eine Phase erstreckt sich über viele Jahre, bis man zu einer reifen, erwachsenen Identität gelangt ist.

Wenn aber ein Mensch in einem Alter, in dem er längst zu einer realitätsbezogenen Selbsteinschätzung gelangt sein sollte, sich noch immer mit den anderen vergleicht und daher seinen eigenen Wert einstuft, ist in seiner Selbstfindung irgend etwas nicht in Ordnung. Er hat seine Identität noch nicht gefunden. Hier sprechen wir von einer erweiterten Identitätskrise. Solch eine erweiterte Identitätskrise führt zu Minderwertigkeitskomplexen und zur Selbstablehnung.

Mit dem Bewußtwerden des Ichs erwacht auch zugleich das Wertgefühl. Ich bin jemand. Und dieser Jemand sucht Bestätigung. Anerkennung.

Das verletzte Selbstwertgefühl

Der gekränkte Stolz

Kennen Sie das Gefühl, das in Ihnen aufsteigt, wenn Ihr Selbstwertgefühl angetastet wird? Da ist ein Würgen im Hals oder ein Druck auf dem Magen, die Muskeln verspannen sich, das Herz beginnt, schneller zu schlagen, und treibt das Blut in den Kopf . . .

Sie hatten in einer Gruppe Ihre Meinung vertreten, und plötzlich erkennen Sie, daß Sie sich die andern zu Feinden gemacht haben. Jetzt möchten Sie Ihre Worte wieder zurücknehmen; aber einmal ausgesprochen, klingen sie noch immer nach und fordern zum Widerspruch heraus. Sie werden kritisiert. Wie bellende Hunde stürzen die andern über Sie her. Sie fühlen sich allein gelassen, ausgelacht und hilflos ausgeliefert.

Je nachdem, wie stark Ihr Ich von Ihnen gehütet und gehegt wird, wie behutsam Sie mit sich selbst umgehen, kann eine Kritik Sie zutiefst verletzen. Sie sind gekränkt, ziehen sich erbittert zurück oder versuchen verzweifelt, sich zu wehren und Ihre Meinung zu verteidigen. Wenn es Ihnen nicht gelingt, sich gegen die Meute reißender Wölfe durchzusetzen, kann diese innere Verwundung noch lange bestehen bleiben. Und diese Erfahrung kann Ihnen u. U. beim nächsten Mal den Mund verschließen, oder Sie ziehen es vor, »mit den Wölfen zu heulen«, um nicht erneut eine Niederlage heraufzubeschwören.

Nun muß eine Kränkung gar nicht so dramatisch in der Öffentlichkeit geschehen. Oft genügt schon das Urteil eines andern, das Ihnen hinter der vorgehaltenen Hand zugeflüstert wird. Plötzlich wird der andere zum Feind. Sie fühlen sich angegriffen, reagieren betroffen, empört – je nach dem erlernten Verhaltensmuster.

Wiederholt sich solch eine Kränkung, so kann daraus ein Gefühl entstehen, das sich gegen das eigene Selbst richtet, das Gefühl, minderwertig, weniger wert, zu sein.

Die bittere Konsequenz

Ein Minderwertigkeitsgefühl kann einen Menschen derart beherrschen, daß es zu einer Selbstablehnung kommt. Wer sich selbst ablehnt, weiß häufig jemanden zu nennen, von dem er sich abgelehnt fühlt.

Diese Selbstablehnung wird im allgemeinen über Jahre vorbereitet. Sie ist das Ergebnis eines langjährigen Prozesses. Oft ist es so, daß ein Kind ständig der Kritik seines Vaters oder seiner Mutter, des Onkels oder der Tante ausgesetzt war. In der Regel wird ein Kind eine Kritik nicht einfach hinnehmen. Die erste Reaktion wird sein, daß es sich müht, den Grund der Kritik zu beseitigen. Es möchte ja geliebt werden und angenommen sein. Also bemüht es sich, den Anforderungen zu entsprechen. Aber dann muß es enttäuscht feststellen, daß all sein Mühen nicht registriert wird, daß es vielmehr noch immer der Kritik ausgesetzt ist. So fühlt es sich abgelehnt. Und als Folge davon lehnt das Kind auch denjenigen ab, von dem es sich abgelehnt fühlt, und endlich lehnt es sich selbst ab. So wird die Beziehung immer komplizierter. Solch eine komplizierte Beziehung kann oft Generationen zurück verfolgt werden.

Ein 17jähriges Mädchen kam in Begleitung seiner Mutter in die Sprechstunde. Das Mädchen hatte alles kennengelernt, was ihm als verlockend hingestellt worden war, von Drogen bis hin zum Sex. Jetzt wollte es sich selbst wegwerfen. In diesem Mädchen steckte eine tiefe Bitterkeit. Es fühlte sich von seiner Mutter abgelehnt und lehnte demzufolge auch seine Mutter ab. Jedes Wort, das zwischen den beiden geredet wurde, war verletzend und voller Anklage.

Und dann erzählte die Mutter ihre eigene Lebensgeschichte. Sie selbst verstand sich nicht mit ihrer Mutter und war froh, daß sie durch die Heirat von zu Hause weg konnte. Doch nach ihrer Heirat stellte sie fest, daß die Bindung ihres Mannes an seine eigene Mutter sehr stark war. Die Mutter konnte sich einfach nicht von ihrem Sohn trennen. Sie war davon überzeugt, daß »ihr Kind«, wie sie ihn noch immer nannte, unter seiner Frau zu leiden habe. Anstatt jetzt zu seiner Frau zu stehen, gab der Mann seiner

Mutter recht und verglich alles, was seine Frau tat, mit dem, wie er es bei seiner Mutter gewohnt war. Zuerst bemühte sich die Frau, ihren Mann zufriedenzustellen; aber dann kam es immer häufiger zu Auseinandersetzungen. Sie wollte ja nicht seine Mutter kopieren, sondern seine Frau sein. Und schließlich gingen sie sich aus dem Wege. Dieses Aus-dem-Weg-Gehen sah so aus, daß die Frau sich in ihre Arbeit vergrub. Sie stand um 5 Uhr morgens auf und hantierte überall herum, sie putzte und räumte auf, und abends um 11 Uhr war sie noch immer nicht fertig. All ihre Aktivität aber strahlte den Vorwurf aus: »Du siehst gar nicht, wie ich mich für dich abplagen muß!« Die Kommunikation dieser beiden Menschen bestand schließlich nur noch in der Kritik und der gegenseitigen Anklage. Die Bitterkeit wurde immer härter.

Als ich in der Familiengeschichte weiterforschte, stellte sich heraus, daß schon die Ehe der Großeltern nicht harmonisch war. Weil die Mutter sich nicht mit ihrem Ehemann verstand, klammerte sie sich an ihren Sohn und sah in der Verwöhnung ihres Sohnes für sich selbst eine neue Lebenschance. Die Folge war, daß der Vater auf seinen Sohn eifersüchtig wurde, weil die Liebe und Zuwendung sich auf den Sohn konzentrierte.

An dieser verwickelten Familiengeschichte hatte vermutlich auch schon die vorhergehende Generation mitgewirkt. Hier sehen wir die Kettenreaktion der Bitterkeit, die zur Selbstablehnung führt.

Ungezählte Menschen sind mir begegnet, die sich selbst nicht leiden konnten, wie sie sagten. Und ich habe festgestellt, daß diese Menschen nicht nur sich selbst ablehnten, sondern geradezu leidenschaftlich irgend jemanden ablehnten. Die Bitterkeit ist zu einem Bestandteil ihres Lebens geworden, der sich von einer Generation zur anderen fortpflanzte und zugleich auf der horizontalen Ebene wie ein Gift wirkt. Und da die Bitterkeit mit solch einer Leidenschaft ausgetragen wird, ist eine vernünftige Auseinandersetzung nicht möglich. Der Mensch ist Gefangener seiner verneinenden Lebensanschauung. Und diese Verneinung ist wie ein hoch explosiver Zündstoff. Schon der einfachste Auslöser genügt, um zum Angriff überzugehen. Ihre alten Erinnerungen schleppen sie überall mit sich herum. Und nacheinander kommen alle Menschen auf die Anklagebank: der Vater, die Mutter, der Pastor, der Lehrer, der Arzt – so schaffen sie sich eine Welt voller Feinde. Und ständig werden neue Feinde produziert.

Und mit demselben Mechanismus wird auch das eigene Leben betrachtet. Verletzt klagen sie: »Niemand kann mich leiden! Niemand versteht mich!« Doch in dieser Klage liegt zugleich eine Genugtuung. So machen sie sich unbeliebt, um ihre Rachehaltung beibehalten zu können. Sie sagen zwar, daß sie sich selbst nicht ausstehen können, ja, sogar hassen, aber ihr ganzes Verhalten zeugt doch davon, wie verliebt sie im Grunde in ihr eigenes Ich noch sind! Denn warum sonst reagieren sie so gekränkt und verletzt?

Beruf und Minderwertigkeitsgefühl

Es gibt im Leben eines jeden Menschen Situationen, die ihn demütigen und damit in seinem Selbstwertgefühl treffen. Schon in der Schule: Da ist der Lehrer, oder es sind die Mitschüler, die die Schwächen eines Schülers in Gegenwart der andern herausstellen. Oder dann später im Beruf: Da ist der Chef, der seinen Angestellten seine Überlegenheit spüren läßt oder sie behandelt, als wären sie Leibeigene. Sie werden nicht wie gleichwertige Partner geschätzt und gefragt. Ihre Leistung erfolgt gegen Bezahlung. Darüber hinaus sind sie als Menschen nicht gefragt. Es gibt mehr als genug Beispiele, in denen ein Chef als Tyrann regiert und seine Angestellten wie unmündige Sklaven betrachtet. Oder wenn der Chef selbst im Hintergrund bleibt, so ist es vielleicht der Vorgesetzte oder auch der Kollege, der seine Herrschaftsgelüste an dem Schwächeren zu befriedigen sucht und täglich neue Situationen schafft, in denen der andere als der Unterlegene seine Niederlage einfach einstecken muß. Oft ist es gar nicht einfach, solch einer demütigenden Beziehung durch einen Arbeitsplatzwechsel zu entgehen. Und den Stempel des Arbeitslosen zu tragen, ist schon wieder eine neue Quelle des Minderwertigkeitsgefühls. Die anonyme Atmosphäre der staatlichen Behörden unterstreicht im allgemeinen durch demütigende Behandlung noch das Gefühl, minderwertig zu sein.

Der Mensch wird nicht mehr als Mensch betrachtet, sondern als Gegenstand, der durch eine Maschine auswechselbar ist. Wie alles andere, so wird auch der Mensch zum kurzfristigen Gebrauch benutzt, um dann weggeworfen zu werden. Ohne Überlegung. Ohne Verantwortung. Wem auch sollte der Mensch verantwortlich sein, wo er doch gelehrt wurde, daß die Welt aus sich selbst entstand und der Mensch ein Produkt des Zufalls sein soll?

Ehe und Minderwertigkeitsgefühl

Verhängnisvoller als im Beruf ist es, wenn einer in der Ehe von seinem Partner gedemütigt wird. Da erhält die Frau wöchentlich ihr abgezähltes Haushaltsgeld, über das sie ihrem Mann am Ende der Woche Rechenschaft schuldet. Mann und Frau verwalten nicht in gleicher Weise das Geld, vielmehr heißt es: »Das ist mein Geld!«

Ich kann mir nicht vorstellen, wie eine partnerschaftliche Beziehung reibungslos verlaufen kann, solange dieser Punkt nicht geklärt ist. Für viele Männer ist es selbstverständlich, daß sie als die Verdiener auch ihren Verdienst wie einen persönlichen Schatz bewachen. Aber für eine Frau ist es sehr demütigend, ihr Haushaltsgeld abgezählt zu erhalten und ein Taschengeld zugeschoben zu bekommen. Es schleicht sich schnell Bitterkeit ein und Auflehnung. Natürlich muß sich dann der Wunsch in ihr regen, ihr eigenes Geld zu verdienen, um von den Vorhaltungen ihres Mannes unabhängig zu sein. Soll sie jedesmal betteln, wenn sie etwas anschaffen möchte?

Das Geld ist in vielen Ehen ein wunder Punkt. Es mag sein, daß ein Partner, sei es der Mann oder die Frau – nun durchaus nicht wirtschaftlich mit dem Geld umgehen kann. In dem Fall ist sicherlich eine gegenseitige Absprache erforderlich, daß einer die Verantwortung übernimmt und eine gewisse Kontrolle ausübt. Aber das sollte nicht die Regel sein.

Unserer Beobachtung nach sind das die glücklichsten Ehen, in denen der Mann seiner Frau absolutes Vertrauen entgegenbringt und nicht auf seinem Geld beharrt, sondern es selbstverständlich zur Verfügung stellt. Es geht doch darum, ein gemeinsames Leben aufzubauen, füreinander zu sorgen und das Wohl des andern im Auge zu halten.

Wie oft klagen Frauen voller Bitterkeit über ihre Männer, die ihr Bankkonto wie ein Geheimnis vor ihren Frauen hüten. Ich frage mich, wie in solch einer Ehe eine echte Hingabe möglich ist. Aus einer Gemeinschaft mit Vorbehalten wird keine Hingabe. Und eine Ehe ist eine gegenseitige Auslieferung, die auf Vertrauen basiert. Wenn aber auch nur ein Punkt ausgeklammert wird, ist es wie ein Stromkreis, der unterbrochen ist. Der Kontakt ist gestört. Die Liebe kann sich nicht verströmen. Sie kann zwar künstlich immer wieder neu angestachelt werden, aber sie hat keine Leuchtkraft, keine Kraft zu wärmen. Man fängt an, in ihrer Nähe zu frösteln. Wenn ein Störfaktor vorhanden ist, kann es keine beglückende Vereinigung geben. Das eine schließt das andere aus.

Elke ist Mutter von drei Kindern. Sie hat seit jeher jede Woche ihr Haushaltsgeld abgezählt bekommen – wie ein Hilfsarbeiter – und mußte über jede Ausgabe ihrem Mann Rechenschaft ablegen. Sie hatte keine Ahnung, wieviel ihr Mann verdiente. Zu Hause hatte er eine Kasse, doch trug er stets den Schlüssel bei sich. Elke hatte sich im Laufe der Jahre daran gewöhnt; aber in ihrem Herzen verachtete sie ihren Mann. Seit Jahren war die Höhe des Haushaltsgeldes gleich geblieben. Nun bat sie ihren Mann, ihr etwas mehr zu geben. Aber er weigerte sich und rechnete ihr vor, wie verschwenderisch sie haushalte. Daraufhin schränkte sie den Einkauf ein, und es gab nur noch dienstags, donnerstags und sonntags Fleisch. Ihr Mann reagierte empört und aß aus Trotz an diesen fleischfreien Tagen im Restaurant.

Eines Abends saßen sie – wie gewöhnlich – vor dem Fernseher. Auf dem Tisch standen zwei Flaschen Bier und eine Schale mit Obst. Der Mann füllte sich ein Glas und trank, und Elke nahm eine Apfelsine und aß. Nach einer Weile griff Elke in die Schale, um die zweite Apfelsine zu nehmen. Ihr Mann sah sie an und meinte vorwurfsvoll: »Du hast doch gerade schon eine Apfelsine gegessen!« Und während er das sagte, öffnete er die zweite Flasche Bier. Tief verletzt schmiß Elke die Apfelsine in die Schale zurück und schrie: »Und wieviel Gläser Bier trinkst du?« »Das ist ja schließlich mein Geld!« brüllte er zurück, stand auf – und verließ gekränkt das Haus.

Denken Sie nicht, das sei ein extremes Beispiel! Zu mir kommen fast täglich Ehepaare, die sich aneinander wund reiben, weil ihre Ehe nicht auf Vertrauen basiert. Die einander vorrechnen und nicht bereit sind, ihre vermeintlichen Rechte aufzugeben. Mein und dein muß in einer gut funktionierenden Ehe eins sein. Hier liegt ein ganz entscheidender Punkt. Wer unter seiner ehelichen Beziehung leidet, der überprüfe doch einmal die Beziehung vom finanziellen Gesichtspunkt aus, ob hier die Frau sich nicht gedemütigt fühlt. Sie ist keine Sklavin, die man sich gegen einen Wochenlohn hält, sondern Partnerin, mit der man wie ein Leib zusammen gehört. Wie wichtig sind da die innere Übereinstimmung und Harmonie!

Aber nicht nur das Geld ist in vielen Ehen ein Grund der inneren Entfremdung und des Minderwertigkeitsgefühls, auch die sexuelle Beziehung kann für einen Partner sehr demütigend sein: Wenn dann Frauen klagen, nichts als Objekt der Lustbefriedigung zu sein, wenn sie zu Handlungen gezwungen werden, die sie innerlich verabscheuen.

Die sexuelle Beziehung zweier Menschen ist wie ein Seismograph. Soll ein Verhältnis nicht zur Prostitution herabgewürdigt werden, so muß man auf die seelische Beteiligung des Partners eingehen. Wer sich darüber hinwegsetzt, der löst das Sexuelle aus dem Ganzen und degradiert seine Partnerin zur Dirne, die jederzeit ihren Körper feilbieten soll, ohne mit ihrer Seele beteiligt zu sein. Diese Erniedrigung registriert eine Frau in der Regel mit einem Minderwertigkeitsgefühl.

Aber in der Ehe können nicht nur der Frau tiefe Wunden geschlagen werden, auch das Selbstgefühl eines Mannes ist in der Ehe bedroht. Wenn man eine x-beliebige Fernsehzeitschrift aufschlägt, so fallen dem Leser zahlreiche Reklamen ins Auge, die für eine größere Manneskraft und gesteigerte Leistungsfähigkeit werben. Das Geschäft mit dem Sex.

Auch in der Ehe gibt es einen Leistungszwang. Wenn man nicht täglich seine sexuelle Leistung unter Beweis stellt, fühlt man sich minderwertig. Das Wertgefühl vieler Männer steigt und fällt mit der Sexualität. Die Potenz wird zu einem Leistungsmesser. Ich kenne viele Männer, die sind so stark auf den sexuellen Verkehr fixiert, daß sie aus Angst, zu versagen, impotent werden. Wenn dann noch die Frau ihrem Mann mit Verachtung begegnet, ist der Mann in seinem Selbstwertgefühl tief getroffen. Die sexuelle Vereinigung in der Ehe soll Ausdruck der Liebe sein, nicht aber ihr Ziel. Sie ist eine Vertiefung der Gemeinschaft, ein Siegel der Zugehörigkeit, eine Quelle des Vertrauens, aber sie ist Ergebnis, nicht Sinngebung einer Ehe. In der Ehe müssen es die Partner lernen, aufeinander einzugehen und nicht in erster Linie die eigene Lustbefriedigung zu suchen. Der andere ist kein Gegenstand, den ich beliebig verwenden – oder gar austauschen! – kann. Wenn ich ihm die notwendige Achtung und Ehrfurcht vorenthalte, verletze ich sein Selbstwertgefühl.

Jung sein um jeden Preis

Was ist das Ideal der heutigen Zeit? Reklame und Zeitschriftenmagazine suggerieren es uns täglich ein, daß nur die Jugend attraktiv ist und das strahlende Lächeln Erfolg verspricht. Die Kosmetik- und Bekleidungsindustrie wissen dieses Streben des Menschen auszunutzen. Man wirbt um die Gunst der Jugend, sei es in Politik und Wirtschaft, in Industrie und Kultur. Ist es da verwunderlich, daß man so lange wie möglich Zeichen des Alterns zu verdrängen versucht? Sie müssen vertuscht werden, wegoperiert, um ewige Jugend vorzutäuschen. Denn Jungsein ist »in«. So trägt auch die Sprache den Akzent der Jugend, um sich Gehör zu verschaffen.

Die Überbetonung der Jugend aber kann bei einem älteren Menschen zu verstärkten Minderwertigkeitsgefühlen führen. Nun glaubt der alte Mensch ohnehin, durch das Nachlassen seiner Kräfte weniger wert zu sein. Er spürt, wie der Boden, auf dem er noch steht, langsam zu bröckeln anfängt.

Das große Glück scheint käuflich geworden zu sein. Schon mit 5 DM sind wir dabei, wie es heißt. Aber das Leben können wir nicht kaufen. Es zerrinnt unwiederbringlich. Zwar kann der ältere Mensch das Jungsein eine Zeitlang imitieren; aber eines Tages holt das Alter ihn ein. Was ist dann noch von seinem Traum übriggeblieben? Spätestens jetzt wird es sichtbar werden, wofür dieser Mensch gelebt hat. Sah er den Wert seines Lebens darin, vor andern etwas zu gelten? Dann wird eine müde Resignation ihn befallen und die Zeit, die ihm noch verblieben ist, mit Klagen füllen. Denn er fühlt sich minderwertig, abgestellt, überflüssig, im Wege.

Wie kommt es
zu einem Minderwertigkeitsgefühl?

Das gefährdete Kind

Mir ist bis heute noch kein Mensch begegnet, der nicht in irgendeiner Form mit Minderwertigkeitsgefühlen zu tun hätte. Bei dem einen ist dieses Gefühl stärker, bei einem anderen weniger stark ausgeprägt. Der eine hat seine vermeintliche Minderwertigkeit aufgearbeitet, bei einem andern hat sich dieses Bewußtsein zu einem Komplex gesteigert, so daß das Gefühl des Minderwertigseins das Leben bestimmt.

Ein Minderwertigkeitsgefühl wird lange vorbereitet. Es wird nicht durch einen einmaligen Fehlschlag oder eine Fehlentscheidung hervorgerufen, sondern hat tiefe Wurzeln, die bis in die frühe Kindheit reichen. Spätere Erlebnisse tragen lediglich dazu bei, daß dieses latent vorhandene Minderwertigkeitsgefühl gefestigt und verstärkt wird.

Da das Gefühl, minderwertig zu sein, tief im menschlichen Wesen verankert ist, genügt ein anscheinend unbedeutender Anlaß, dieses Gefühl neu zu wecken. Kinder sind besonders gefährdet. Wenn nun das Kind in eine Situation hineingestellt wird, in der es sich unterlegen fühlt, und diese Situation Jahre hindurch bestehen bleibt, so kann sich ein Minderwertigkeitsgefühl in diesem Kind festigen.

Auch die Geschwisterkonstellation kann Ausgangspunkt für ein Minderwertigkeitsgefühl werden. Nun hat jede Geschwisterkonstellation ihren Vorteil und ihren Nachteil. In diesem Zusammenhang wollen wir nur kurz die Situation im Blick auf das Minderwertigkeitsgefühl betrachten.

Da ist das Einzelkind, auf das sich alle Zuwendung konzentriert. Aber dieses Einzelkind steht einem übermächtigen Vater und einer übergroßen Mutter gegenüber. Es hat keine andere Vergleichsmöglichkeit als die Eltern. Unbewußt mißt es sich mit seinem Vater und seiner Mutter und stellt resigniert fest, daß es weit unterlegen ist.

Ähnlich ergeht es dem ältesten Kind einer Geschwisterreihe. Auch dieses Kind kann sich zunächst nur mit den Eltern vergleichen, bis dann die jüngeren Geschwister nachkommen. Dann aber tritt zugleich ein neues Problem auf: Es muß die bisher genossenen Vorteile aufgeben und die Zuwendung teilen. Das aber bedeutet: es muß von seinem Thron herabsteigen. Und wenn das zweite Kind freundlicher, spontaner, fröhlicher oder intelligenter ist, fühlt sich das ältere Kind unterlegen.

Und das zweite Kind? Es ist eben das zweite. Es läuft auf bereits betretenem Weg und hat immer das erste Kind vor Augen, das schon vor ihm die verschiedenen Phasen durchlaufen hat. Nun wird es mit dem älteren Kind verglichen und muß vielleicht sogar hören: »Dein Bruder hat das in deinem Alter längst gekonnt«, oder »deine Schwester ist viel artiger als du . . .« Durch dieses Vergleichen sieht das Kind schließlich in dem älteren Geschwisterchen einen Rivalen, den es einzuholen gilt – und den es doch naturgemäß niemals erreichen kann. So steht es im Schatten des Älteren und bleibt stets einen Schritt hinter ihm zurück.

Das mittlere Kind steht wieder einer anderen Situation gegenüber. Es ist weder das eine noch das andere. In seinen Augen wird das ältere Kind bevorzugt behandelt: es darf länger aufbleiben, erhält mehr Taschengeld, und jedesmal muß es selbst hören: »Du bist ja noch klein!« Wenn es aber darum geht, für die jüngeren Geschwister Verständnis aufzubringen und ihnen das Spielzeug zu überlassen, das es selbst gern gehabt hätte, dann heißt es: »Du bist doch schon groß!« Es ist entweder noch nicht alt genug oder schon zu alt. Immer muß es Verständnis aufbringen. Es fühlt sich zurückgesetzt, unverstanden, weniger wert.

Und auch das letzte Kind muß lernen, seinen Weg zu finden. So alt es auch wird, es bleibt immer das Jüngste. Es wird zwar verzärtelt und verwöhnt – aber darin liegt auch zugleich wieder eine Gefährdung, wie wir noch sehen werden. Und wenn es dann erleben muß, daß die andern mehr leisten, als es selbst zu leisten vermag, stellt sich das Gefühl des Minderwertigseins ein.

Weit verhängnisvoller aber als die äußere Konstellation wirkt sich die innere Beeinflussung aus.

Der Fehlstart

Aus dem Sport wissen wir, daß der Start entscheidend sein kann für den Verlauf des ganzen Spiels. Auch die Erziehung des Kindes ist wie ein Start, der die weitere Entwicklung vorbereitet. Ein Fehlstart kann für das spätere Leben verhängnisvolle Auswirkungen haben.

Wir wollen hier kurz die verbreitetsten Formen solch eines Fehlstarts betrachten. Da ist zunächst die Verwöhnung im Sinne der Verzärtelung.

Das Kind ist von klein an gewöhnt, nicht nur versorgt, sondern bedient zu werden. Kaum hat es einen Wunsch ausgesprochen, so sind die Eltern – Vater oder Mutter oder wer auch immer – eifrig bemüht, diesen Wunsch zufrieden zu stellen. So hat das Kind keine Gelegenheit, eine Frustration durchzustehen und eine Enttäuschung adäquat zu verarbeiten. Bevor es Hunger verspürt, ist das Angebot da. Und wenn es sich mit Gleichaltrigen streitet, ergreifen sogleich die Eltern Partei und verhelfen ihm zu seinem vermeintlichen Recht, d. h. sie geben ihm, was es begehrt. Alle Schwierigkeiten werden ihm aus dem Weg geräumt und alle Probleme gelöst. Das Kind braucht sich nicht anzustrengen, selbst eine Lösung zu finden. Schon bald hat es sich an diesen Sofort-Service gewöhnt und fängt an, Forderungen zu stellen. Schließlich ist es davon überzeugt, ein Recht darauf zu haben, von den Eltern bedient zu werden.

Später dann erweitert sich der Kreis seiner Bediensteten und mit derselben fordernden Haltung wendet es sich an die Gesellschaft, an den Staat. Das war ja von jeher sein Lebensstil. Es hat nie gelernt, Verzicht zu üben (s. *»Resignieren oder hoffen«* S. 45).

Heute ist diese Anspruchshaltung einer verwöhnten Gesellschaft in allen Bereichen zu finden. Man hat ein Recht darauf, bedient zu werden, sei es von der Behörde oder vom Arzt. Man hat ein Recht, den andern zu seinem eigenen Vorteil auszunutzen. So setzt schließlich der Sozialstaat diese Verwöhnung fort.

Inge war ein Mädchen von etwa 17 Jahren, das sich nirgends zurecht fand. Die Schule schaffte es nur mit größter Mühe und begann eine Lehre. Doch schon nach wenigen Wochen brach sie diese Lehre ab, um es irgendwo anders zu versuchen. Wagte es der Vorgesetzte, an ihrer Leistung etwas auszusetzen, so war das für Inge bereits Grund genug aufzuhören. Sofort sprang die Mutter ein und suchte für ihre Tochter eine neue Stelle, von der sie sich mehr versprach. »Das arme Kind soll doch nicht unter einem unmenschlichen Chef leiden!« war ihre Argumentation. So hatte Inge bereits ihre dritte Lehrstelle hinter sich gelassen und war jetzt arbeitslos. Zu Hause spielte sie den Tyrannen. Sie duldete keinen Widerspruch und keine Kritik. Wenn ihre Forderungen nicht eine sofortige Erfüllung fanden, fing sie an zu toben. Schließlich wußte sich die Mutter keinen Rat mehr und brachte sie in meine Sprechstunde.

Inge war als Säugling an einer schweren Zöliakie, einer Verdauungsstörung, erkrankt, die den ganzen Einsatz der Mutter verlangte. Doch später, als die Krankheit längst ausgeheilt war, ging die Mutter noch immer in ängstlicher Besorgtheit auf ihre Tochter ein und wagte es nicht, ihrem Kind zu widersprechen. Sie schwieg und tat, was das Kind verlangte.

Dieses verzärtelte Kind war unfähig, irgendeine Aufgabe zu übernehmen. Es war auch nicht bereit, in sich selbst die Ursache für ein Scheitern zu sehen. Die Verantwortung trug immer der andere, der so ungerecht und lieblos war.

Neben dieser Verzärtelung gibt es noch eine andere Form der Verwöhnung, die zweckgebundene Verwöhnung.

Auch hier erhält das Kind ein Übermaß an Zuwendung. Aber diese Zuwendung und Wunscherfüllung ist an eine Bedingung geknüpft. Wenn das Kind nicht den Erwartungen der Eltern entspricht, wird es mit Liebesentzug bestraft, d. h. die Liebe der Eltern muß käuflich erworben werden.

Hinter dieser »kaufmännischen« Beziehung steckt in der Regel eine gestörte eheliche Beziehung der Eltern, so daß das Kind Liebesersatz wird. Für das Kind ist es zunächst sehr bequem. Doch spätestens in der Pubertät zeigen sich die ersten negativen Folgen. Der Heranwachsende spürt, daß die Gleichaltrigen entscheidungsfreudiger und wagemutiger sind als er. Er ist nicht in der Lage, eine eigene Entscheidung zu treffen. Diese Unselbständigkeit wird mit zunehmendem Alter noch krasser. Das Verhalten wird auffällig. Enttäuscht von den andern, enttäuscht an sich selbst zieht sich der junge Mensch zurück – oder er versucht, mit anderen Methoden seine Forderung durchzusetzen.

Als Ralf in meine Sprechstunde kam, wirkte er selbstunsicher und scheu. Er hatte große Schwierigkeiten im Studium und in der zwischenmenschlichen Beziehung. Seine Freundin hatte ihn verlassen, und diese Enttäuschung brachte ihn schließlich zu mir. Er war als einziger Junge das Lieblingskind seiner Mutter, die sich mit ihrem Mann nicht verstand. Zu Hause herrschte eine gespannte Atmosphäre. Nach außen hin zwar waren die Eltern um der Kinder willen zusammen geblieben, aber sie hatten sich nichts mehr zu sagen, es sei denn, daß sie einander kritisierten und vor den Kindern lautstark ihre Auseinandersetzungen austrugen. Solch eine Auseinandersetzung endete dann regelmäßig damit, daß die Mutter zu ihrem Sohn flüchtete, um sich über den Vater zu beklagen. Der Junge war zu ihrem Lebensinhalt geworden, an den sie ihre ganze Liebe und Zuneigung verschwendete. Nach Möglichkeit erfüllte sie ihm jeden Wunsch, doch unter der Bedingung, daß er in ihrer Nähe blieb. Er brauchte nicht einmal selbständig zu denken. Jede Entscheidung wurde ihm abgenommen. Sogar seine Meinung wurde von ihr bestimmt. So entstand im Laufe der Jahre in diesem heranwachsenden jungen Menschen eine unverschämte und überhöhte Erwartung an die Umwelt. Aber zugleich war er in seiner psychischen Entwicklung ein Kind geblieben.

Unter den jungen Heranwachsenden treffen wir heute häufig solche, deren Reife nicht dem tatsächlichen Alter entspricht. Da hören wir aus dem Munde der Zwanzig-, ja Fünfundzwanzigjährigen: »Ich fühle mich wie dreizehn oder vierzehn!« Sie spüren, daß irgend etwas in ihnen nicht mitgewachsen ist. Und wenn sie jetzt ein Alter erreicht haben, in dem sie Verantwortung für sich selbst oder sogar für einen andern übernehmen sollten, fühlen sie sich überfordert. Sie wollen zurück in ihr Nest, in dem sie warm und geborgen unter der schützenden Decke sein konnten, und zugleich fangen sie an, diese Umklammerung zu hassen.

Verwöhnung – ganz gleich, aus welchem Motiv – schafft selbstunsichere, haltlose Erwachsene, die dann ihrerseits unfähig sind, eine gesunde Familie zu gründen.

Wir alle wissen, daß gewisse Körperfunktionen verkümmern, wenn sie nicht betätigt werden. Aber genauso wie unser Körper trainiert werden muß, um leistungsfähig zu bleiben, müssen auch emotionale und geistige Fähigkeiten geübt werden. Wenn unsere Kinder keine Gelegenheit haben, sich zu erproben, brauchen wir uns nicht zu wundern, wenn sie später versagen. Dann wird die anonyme Gesellschaft zum Sündenbock, dem man die Schuld an seinem Versagen zuschiebt. Und schließlich glaubt man, ein Recht darauf zu haben, sich an der Gesellschaft für sein vermeintliches Zukurzgekommensein zu rächen.

Gegenwärtig zeigt unsere gesamte gesellschaftliche Struktur das Bild einer Verwöhnung. Bei allen Vorzügen, den ein Sozialstaat aufweist, zieht er doch egoistische, anspruchsvolle Bürger auf, die es gewohnt sind, sich bedienen zu lassen.

Schwierigkeiten sind eine Herausforderung an die Möglichkeiten in uns, die erst durch Bedrängnis wach gerufen werden. Wer als Kind nicht gelernt hat, zu verzichten, sich einzuschränken, zurückzuhalten, der wird später kaum in der Lage sein, den Kampf gegen sich selbst zu bestehen.

Eine andere Form eines Fehlstarts ist die z u h o h e E r w a r t u n g.

Es gibt Kinder, die bereits im Kindergarten und in der Grundschule zu hoher Leistung angetrieben werden. Sehr häufig steckt dahinter ein Minderwertigkeitskomplex der Eltern oder zumindest eines Elternteils. Das ganze Streben gilt der Laufbahn ihres Kindes. Sie versuchen dann, den Druck, den sie auf das Kind legen, mit den Worten zu begründen: »Du sollst es später besser haben als ich!« Selbst innerhalb der Familie zählt nur die erbrachte Leistung. Erst auf Leistung erfolgt Anerkennung und Zuwendung.

Aber zum Menschsein gehört mehr als Leistung. Wenn das Kind von früh an unter diesem Druck steht, etwas leisten zu müssen, wird der Tag kommen, an dem es unter diesem Druck versagt. Es wird von der Versagensangst gequält und unfähig sein, den hohen Anforderungen zu entsprechen.

Hans war ein guter Schüler. Er war als Streber bekannt. Den Luxus des harmlosen Spiels konnte er sich nur selten leisten. Immerhin lag nach den Plänen seines Vaters eine glänzende Karriere vor ihm. Eine Karriere, die dem Vater selbst versagt geblieben war, jedoch vom Großvater erreicht worden war, der als Mathematikprofessor großes Ansehen genoß. So wurde der Großvater als leuchtendes Vorbild hingestellt. Ihm galt es nachzueifern, wenn nicht gar, ihn zu übertreffen.

So sollte der Sohn für das Minderwertigkeitsgefühl des Vaters zahlen. Nun war aber der Sohn mathematisch nicht begabt. Seine Begabung lag in der Musik. Das aber ließ der Vater nicht gelten. Er bestand darauf, daß die mathematische Begabung der seines Großvaters entsprechen müsse. Die Mutter, aus deren Familie ebenfalls hohe Persönlichkeiten hervorgegangen waren, setzte ihrerseits auch den Sohn unter Druck. Und eines Tages stellten beide Eltern erschüttert fest, daß ihr Sohn »ausgeflippt« war und total versagte. Nach einem Selbstmordversuch kam er in meine Praxis und klagte bitter: »Ich lebe nur für meinen Vater und meine Mutter, damit ihr Ehrgeiz befriedigt wird. Ich bin nur Mittel zum Zweck. Meine Eltern haben sich nie die Mühe gemacht, sich mit mir und meiner eigentlichen Neigung zu befassen. Ich arbeite doch nur, damit sie Anerkennung ernten und für meine guten Noten gelobt werden!«

Tatsächlich hatten die Eltern ihn kaum gelobt. Anstatt das zu bestätigen, was er bisher geleistet hatte, wurde er zu noch größerer Leistung angespornt, so daß der junge Mensch den Eindruck gewann: ich reiche nie aus. Ich muß perfekt sein, um von Vater und Mutter akzeptiert zu werden.

Nach außen hin war das Bild einer vollkommenen Familie gewahrt. Aber die Beziehung untereinander war ohne echte Liebe. Zwar wurde die Liebe reichlich zitiert, aber sie war nicht erfahrbar.

Von dem Verhalten der Eltern hängt es ab, ob ein Kind sich minderwertig fühlt oder nicht. Die übermächtigen Eltern, die unantastbar sind, immer recht haben, denen nie widersprochen werden darf, halten ihre Kinder unmündig und unterlegen. Das ist mit ein Grund, warum Kinder berühmter Eltern häufig auf die »schiefe Bahn« geraten. Da der Abstand zu groß ist zwischen Eltern und Kind, versucht das Kind auf seine Weise einzigartig zu sein. Spielt der Vater im Parlament eine große Rolle oder die Mutter in der Frauenbewegung, so sucht das Kind sein eigenes Publikum, von dem es Anerkennung erntet.

Ein weiterer Fehlstart, der später zu einem Minderwertigkeitsgefühl führen kann, ist die Demütigung.

Ich bin manchmal erschüttert, wenn ich höre, wie Eltern sich ihre Kinder brutal und autoritär unterwerfen. Selbst in Gegenwart eines anderen scheuen sie sich nicht, die Gefühle ihres Kindes zu verletzen, es anzuschreien oder gar zu schlagen und zu demütigen, als wäre es ihr Privateigentum, über das sie nach Belieben verfügen könnten. Die Eltern versuchen gar nicht, sich in die Rolle des Kindes zu versetzen.

Oft sind diese Eltern selbst in einer demütigenden Atmosphäre aufgewachsen und haben daher nie eine andere Eltern-Kind-Beziehung kennengelernt. Den ganzen Tag über wird an dem Kind herumgenörgelt: »Das kannst du nicht! Du taugst zu nichts! Du wirst einmal genauso enden wie dein Großvater!« usw. Das Kind ist den übermächtigen Eltern total ausgeliefert und unterlegen. Es wagt niemals, seine Gefühle offen zum Ausdruck zu bringen. Erst in der Pubertät, da zeigt es sich vorwiegend aggressiv. Entweder richtet sich seine Aggression gegen Schwächere, die ihm unterlegen sind, oder gegen sich selbst. Sein stark ausgeprägtes Minderwertigkeitsgefühl treibt diesen jungen Menschen in die Isolation. Nur in Ausnahmefällen vermag der junge Mensch sich über die erlittene Demütigung hinwegzusetzen. In einer Art Trotz gelingt es ihm vielleicht, der Umwelt zu beweisen, daß er – entgegen allen Voraussagen – mehr erreicht als andere. Vielleicht schafft er es bis zu einem erfolgreichen Unternehmer. Aber er bleibt einsam. Denn seine Haltung ist nicht ausgeglichen. Er meint noch immer, vor andern seine Tüchtigkeit unter Beweis stellen zu müssen. Und tief in seiner Persönlichkeit schwelt eine Bitterkeit und Feindschaft, die ihn mißtrauisch macht und reserviert. Wenn ich aber mit einer reservierten, mißtrauischen Haltung einem andern Menschen begegne, so wird auch die Reaktion des andern entsprechend sein. Diese Reaktion wiederum wird als Bestätigung genommen, mit der die feindselige Haltung gerechtfertigt wird.

Als letztes wollen wir noch einen sehr verhängnisvollen Fehlstart zitieren: die doppeldeutige Beziehung.

Über diese Kommunikationsstörung haben wir bereits ausführlich in unserem Buch »Achtung Fehlschaltung« geschrieben (II. Kap. Kommunikationsstörungen S. 32–44). Grundsätzlich gilt für die double-bind-Beziehung, daß das Kind sich in einer Zwickmühle befindet. Ganz gleich, welche Entscheidung es trifft, wird es immer der Verlierer sein, denn es befindet sich in einer Beziehungsfalle. Von zwei Stricken gebunden, wird es in zwei entgegengesetzte Richtungen gezerrt. Verbal vernimmt das Kind eine Botschaft, der non-verbal widersprochen wird. Es herrscht keine klare, unmißverständliche Verständigung, vielmehr eine unklare, die verschiedene Deutungen zuläßt. Das Kind wird nicht nur mit einer Halbwahrheit konfrontiert, sondern erhält versteckte Botschaften, die im Gegensatz zu den tatsächlich geäußerten stehen.

Wie wir wissen, verständigen wir uns einmal durch unsere Sprache, zum andern durch unser Verhalten. Die Worte, die ich ausspreche, werden von meinem Gegenüber gehört. Aber ein Wort ist etwas Lebendiges. Ich kann ihm eine persönliche Stimme verleihen. Ob laut oder leise gesprochen, zart oder grob – so kann ein Wort verschiedene Reaktionen bei meinem Gegenüber auslösen. Ich selbst bin nicht unbeteiligt. Ich erwecke vielmehr dieses Wort zum Leben. Ich gebe ihm eine Gestalt.

Der Ton, die Schwingung in meiner Stimme, meine Mimik, meine Gestik – all das spielt eine Rolle in der Verständigung. Worte werden also mit meinem Gefühl und meinem Verhalten unterstrichen – oder in Frage gestellt. Wenn also mein Partner meine Worte vernimmt und dazu die Betonung, die Bewegung und meine Mimik wahrnimmt, so versteht er mich – sofern Verhalten und Worte übereinstimmen.

Nun kennen wir alle aber die Bedeutung der Ironie. In der Regel vernimmt der andere den versteckten Spott und weiß ihn zu deuten, da mein Urteil in krassem Gegensatz zu meinem Gesamtverhalten steht. Wenn ich einem Menschen mit Ironie begegne, so nehme ich ihn nicht ernst. Ich mache mich über ihn lustig. Das heißt, ich stelle mich über ihn und blicke spottend auf ihn herab, wobei dieses Verhalten durchaus ein Schutzmechanismus sein kann, hinter dem ich meine eigene Unsicherheit verberge. Um nicht verletzt zu werden, verletze ich andere. (Doch darauf werden wir in einem späteren Kapitel noch zurückkommen.) Auf jeden Fall kann diese Art der Kommunikation sehr verletzend sein. Besonders Kinder sind auf diesem Gebiet leicht verwundbar.

Bei der Ironie handelt es sich um eine offene Täuschung, die durchschaubar ist. Bei einer doppeldeutigen Botschaft aber ist der Feind getarnt und kann darum nicht gestellt werden. Wenn mir eine doppeldeutige Botschaft vermittelt wird, so spüre ich die indirekte Mitteilung und erkenne, daß sie im Gegensatz steht zu dem Inhalt der Worte, die ich akustisch vernehme.

Die einfachste Form einer doppeldeutigen Botschaft haben wir in den sogenannten Höflichkeitsformeln, denen wir im allgemeinen nicht zu viel Bedeutung beimessen.

Eine doppeldeutige Beziehung aber ist weitaus verhängnisvoller, weil die übermittelten Gefühle nicht greifbar sind. Worauf reagiere ich? Auf das Wort, das ich höre, oder auf das Gefühl, das ich spüre? Wenn ich auf das Gefühl antworte, kann mein Gegenüber sich sofort verteidigen und meinen Verdacht empört und gekränkt als Unterstellung zurückweisen: »So etwas würde ich nie wagen zu sagen! Das liegt mir ganz fern! So wahr ich hier stehe!« usw. Je mehr er sich aber verteidigt, desto mehr werde ich in meinem Verdacht bestärkt.

Es mag jetzt etwas absurd klingen, und doch haben wir jeden Tag mit dieser Kommunikationsform zu tun.

Und wenn ein Kind in einer Atmosphäre aufwächst, in der solch eine Kommunikation herrscht, so ist es nicht in der Lage, sich psychisch gesund zu entwickeln. Sehen wir uns so eine Familie an.

Marion war ein Nachkömmling, ein »Zufallsprodukt«, wie sie sich selbst nannte, ein »Irrtum der Natur«. Sie war zu einer Zeit geboren, in der sie am wenigsten willkommen war. Die Mutter hatte gerade begonnen, ihr eigenes Leben zu finden, sich »selbst zu verwirklichen«, wie es dann heißt. In dieser Selbstwerdung aber war Marion nicht eingeplant. Sie störte nur die Entfaltung der Mutter als gleichberechtigte Geschäftspartnerin ihres Mannes. Aber nun war Marion da. Innerlich wehrte sich die Mutter dagegen. Aber zugleich hatte sie Schuldgefühle dem Kind gegenüber, weil sie ihre Tochter nicht annehmen konnte. Sie unterdrückte die Schuldgefühle und tat alles, um eine besonders gute Mutter zu sein. Es sollte ihr später niemand nachsagen können, daß sie etwas an dem Kind versäumt habe. So versorgte sie überpünktlich ihr Kind und kleidete es besonders nett und sprach extrem häufig von Liebe. Aber in ihrer Umarmung lag zugleich die Bedeutung: »Geh!«

Und Marion ging. Sie zog sich zurück. »Du kannst es wohl nicht einmal vertragen, wenn deine Mutter dich umarmt«, klang es dann vorwurfsvoll. Die Anklage der Mutter verletzte und verwirrte das Kind. Hatte es sich doch getäuscht? Das Kind fühlte sich schuldig. Innerlich hin und hergerissen wußte es seine Gefühle nicht zu deuten. Es hatte alles erhalten, was es brauchte. Es fehlte an nichts: gutes Essen, reichlich Taschengeld, hübsche Kleider, ein eigenes Zimmer – aber keine Geborgenheit. Es fehlte die Liebe, das warme, herzliche Willkommen, das Verstehen, das vertrauende Miteinander und Füreinander. Marion kapselte sich ab und lebte in ihrer eigenen, kleinen Welt, um nur ja keinen zu stören. Ihre Minderwertigkeitsgefühle engten sie immer mehr ein. Die Unsicherheitsgefühle übertrug sie auch auf ihre Umgebung, so daß sie jedem mit Mißtrauen begegnete. Sie hatte in früher Kindheit ein Grundmuster des Verhaltens erlernt, auf das sie gleichsam einprogrammiert war. Und das Ergebnis – Minderwertigkeitsgefühle.

Nur ein Mädchen

Nachdem wir die bekanntesten Ausgangssituationen, die zu einem Minderwertigkeitsgefühl führen können, zusammengestellt haben, möchten wir hier noch ein Thema streifen, das in der psychiatrischen Praxis immer wieder auftaucht: die eigene Geschlechtsrolle, die der junge Mensch nicht akzeptieren kann, weil er glaubt, eine andere Rolle spielen zu müssen.

Andrea hatte eigentlich Andreas heißen sollen, um später als Bauer den Hof zu übernehmen. So war ihre Ankunft für Eltern und Großeltern eine große Enttäuschung. Einige Jahre später kam der ersehnte Sohn zur Welt und Andrea wurde abgesetzt. Je älter sie wurde, desto deutlicher erkannte sie, daß ihrem Bruder mehr Rechte eingeräumt wurden als ihr. Auch von ihren gleichaltrigen

Vettern, die auf einem Nachbarhof aufwuchsen, fühlte sie sich bevormundet und als Handlanger mißbraucht. Sie hatte den Eindruck, nicht vollgültig zu sein. Da sie für die Landwirtschaft nicht geeignet und kräftemäßig ihrem Bruder unterlegen war, wollte sie studieren. Aber es hieß: »Wozu willst du studieren, du heiratest ja doch!« Andrea hatte nicht die Kraft, sich gegen den Willen ihrer Eltern zu entscheiden. So blieb sie zu Hause weiterhin Handlanger. Aber in ihrem Wesen war sie tief verunsichert und bitter.

Die Erwartungen der Eltern sind für das Kind ein Ideal, dem es naturgemäß entsprechen möchte. Instinktiv empfand das Mädchen: Ich hätte eigentlich nicht das sein dürfen, was ich bin. Es fühlte sich schuldig. Wie kann es sich da bejahen? Es glaubt, minderwertig zu sein. Und später in der Ehe fühlt sich dieser Mensch unterlegen. Er meint, um seine Position kämpfen zu müssen. So rivalisiert er mit seinem Partner. Im Grunde aber kämpft diese junge Frau mit ihrem unterschwelligen Minderwertigkeitsgefühl und will beweisen, daß sie besser ist als ihr Mann und mehr leistet. Um ihr Frausein aufzuwerten, versucht sie, ihren Mann herunterzuspielen und so ihre Überlegenheit zu demonstrieren. Dahinter aber steckt diese frühe, tiefe innere Verletzung.

Trotz all der lauten kämpferischen Emanzipationsparolen ist die Frau gesellschaftlich bis heute benachteiligt. Nicht nur in ausgesprochenen Männerberufen – etwa Maurer oder Schlosser und Tankwart –, sondern auch in wissenschaftlichen Studienfächern – etwa der Forschung – wird Frauen der Weg erschwert, werden ihnen geringere Aufstiegschancen eingeräumt. Noch gilt weithin die Auffassung, die Frau gehöre hinter den Kochtopf.

Es geht hier nicht um Gleichmacherei. Die Andersartigkeit gilt es zu sehen und zu fördern. Ohne Wertmaßstab. Warum reagieren frauenrechtlerische Gruppen so extrem? Steckt nicht dahinter ihre innere Unsicherheit, das Gefühl, als minderwertig angesehen zu werden?

Wenn eine Frau sich als Frau bejaht, wird sie nicht ihre Parolen in Massendemonstrationen hinausschreien, sondern vielmehr mit ihrem fraulichen Wesen heilend auf ihre Umgebung einwirken. Damit leistet sie einen weitaus größeren Beitrag zur Verständigung.

Organminderwertigkeit oder: Ich bin anders als andere

Neben all den genannten ungünstigen Umweltfaktoren können aber auch auffällige Körpermerkmale Grund für einen Minderwertigkeitskomplex werden. Es mag sein, daß es sich dabei um ein geschädigtes Kind handelt, das von Geburt an behindert ist; es mag sein, daß es erst im Laufe der Jahre – sei es durch einen Unfall oder eine schwere Krankheit – einen bleibenden Schaden erlitten hat. Vielleicht auch ist es einfach schwächer als andere und anfälliger. Auf jeden Fall wird es sich mit Gleichaltrigen vergleichen und feststellen, daß es nicht so gut reden, nicht so gewandt schreiben, nicht so schnell laufen kann (oder vielleicht gar nicht!). So wird es verunsichert und zieht sich zurück.

Schon kleine auffällige Körpermerkmale können zu Unsicherheit und Minderwertigkeitsgefühlen führen, ob es abstehende Ohren sind oder schiefe Zähne, eine lange Nase oder dicke Beine – ob man zu groß ist oder zu klein, zu dick oder zu dünn – alle Selbstbeobachtung konzentriert sich auf diese vermeintliche Schwäche und blockiert den Menschen in seiner Eigeninitiative.

Andererseits aber kann auch gerade ein körperliches Gebrechen eine Herausforderung sein. Menschen, die in irgendeiner Beziehung behindert waren, haben oft erstaunliche Leistungen vollbracht. Hier wurde das Bewußtsein der eigenen Schwäche zu einem Ansporn. In zähem Einsatz haben sie der eigenen Schwäche den Kampf angesagt, sich selbst und ihre Behinderung besiegt.

Vor etwa fünfzig Jahren hat Prof. Ernst Kretschmer aus Tübingen ein Buch über geniale Menschen herausgegeben. Interessant an dieser Studie war, daß jeder der Aufgeführten in irgendeiner Weise behindert war, also ein Merkmal aufwies, das zu einem Minderwertigkeitsgefühl hätte führen können. Anstatt die Aufmerksamkeit auf das Gebrechen zu konzentrieren, haben sich diese Menschen mit ganzer Kraft auf ein gestecktes Ziel ausgerichtet, das sie unbedingt erreichen wollten. Aus der Medizin ist uns bekannt, daß unser Körper über Reserven verfügt, die im Normalfall nicht abgerufen werden. Erst wenn bestimmte Funktionen ausfallen, werden diese schlummernden Reserven motiviert, die fehlenden Funktionen zu übernehmen.

Ausgleichsversuche oder Irrwege

a) Allgemein

Auf der Suche nach sich selbst

Wir haben bisher die bekanntesten Formen eines Fehlstarts aufge-
führt und festgestellt, daß der Start als Ausgangsposition entscheidend ist. Wenn dieser Anfang durch eine Fehlerwartung erschwert
oder unter einer ungünstigen Voraussetzung erfolgt, ist der
gesamte weitere Entwicklungsverlauf eines Menschen gefährdet.

Ein Mensch ist in der Regel 18 Jahre dem Einfluß des Elternhau-
ses ausgesetzt. Und 18 Jahre prägen einen Menschen. Ein Kind ist
zunächst wie ein weicher Ton, der beliebig geformt werden kann,
oder wie ein leeres Blatt, das beschriftet wird.

Da ist das Elternhaus, das seinen prägenden Einfluß ausübt,
dann die Schule, die das Kind nach der jeweils gültigen Weltan-
schauung zu prägen versucht. Und oft wird der junge Mensch
zwischen den konträren Weltanschauungen von Elternhaus und
Schule hin- und hergerissen.

Wenn dann der junge Heranwachsende sich von Elternhaus und
Schule löst, trägt er bereits deutlich die Züge seiner Umwelt. Denn
unbewußt hat er das Bild in sich aufgenommen, das ihm vor
Augen gestellt wurde. Da dies aber ein mehrschichtiges Bild ist,
zeigt auch sein Verhalten keine harmonische Einheit. So sucht er
ein Leitbild, das ihm zur Orientierung wird. Weil er seine innere
Zerrissenheit spürt, sucht er Halt bei Gleichaltrigen und ist
bemüht, sich ihnen anzupassen. Aber diese Gleichaltrigen sind
genauso hilflos wie er selbst. Zwar scheinen sie nach außen hin
überlegen und stark, doch gewinnt man den Eindruck, daß sie sich
ständig mit Lärm umhüllen, um ihr verwundbares Selbst besser zu
schützen, daß Lichtreflexe und dröhnende Vibrationen helfen sollen, das verlorene Glück nachzuahmen.

Die neue Autorität

Die heutige Lebensphilosophie propagiert die Befreiung des Menschen. Jede Grenze wird als Einengung der Persönlichkeit angesehen, als Barriere, die es niederzureißen gilt. Auf allen Gebieten erleben wir, wie alte Normen und Gesetze, die seit Generationen Gültigkeit hatten, umgestoßen und durch neue ersetzt werden.

Nun sind uns zweifellos auch aus früheren Jahrhunderten Klagen überliefert über das umstürzlerische Neue, über Ungehorsam und sexuelle Freizügigkeit.

Doch der Verfall der Moral war jedesmal der Anfang eines Untergangs.

Die schleichende Revolution, die wir in unserer Generation beobachten, entspringt nicht der Armut, sondern dem Wohlstand. Um – wie es heißt – psychischen Störungen vorzubeugen, soll der Mensch seine Freiheit demonstrieren. Selbstentfaltung wird dabei gleichgesetzt mit Zügellosigkeit, und Selbstverwirklichung mit narzistischem Geltungsbedürfnis. Ehe und Familie werden als antiquierte Hinterlassenschaften einer feudalistischen Epoche belächelt.

Das narzistische Grundprinzip setzt sich immer mehr durch. So wie der Jüngling in der griechischen Sage ist der narzistische Mensch in sein eigenes Spiegelbild, in sich selbst verliebt, daß er nicht fähig ist, auf die Liebe der Nymphe zu reagieren, nicht fähig, Echo zu sein. Nun, die Menschheit wird auf Grund ihrer Verliebtheit in sich selbst zwar nicht in eine Narzisse verwandelt, aber die Beschäftigung mit sich selbst macht sie unfähig, die Herausforderung anzunehmen, die an sie gestellt ist, und das Beglückende der Selbstaufgabe zu erfahren. Der Mensch stellt Forderungen – wie wir es bereits als Folge der Verwöhnung gesehen haben – und erwartet, daß man ihm dient. Dieses »man« in Gestalt des Staates, der Kirche, der Gesellschaft, ganz gleich, ob es anonym ist oder einen Namen trägt: der andere wird verpflichtet, die Sorge für mein Leben zu übernehmen. Dadurch, daß der Mensch die Verantwortung für sein Leben von sich auf den andern abwälzt, hat er es verlernt, Kräfte zu entwickeln, mit denen er selbst Probleme meistern und Schmerzen ertragen kann. Alles Unangenehme soll ausgeklammert werden. Es wird nicht mehr integriert, sondern verneint. Es wirkt als Störfaktor und darf deshalb nicht sein.

In der Tat hat es noch nie eine Zeit gegeben, in der so viele Schmerzmittel auf den Markt gelangten. Und die Reklame führt es der Masse täglich vor Augen, wie leicht es ist, schmerzfrei zu leben, um das Angenehme besser auskosten zu können. Schon der kleinste Schmerz, das geringste Unwohlsein läßt ihn zur Tablette greifen, und die kleinste Schwierigkeit am Arbeitsplatz wird zum Anlaß, sich krank schreiben zu lassen.

Die Lust wird zum Lebensziel. Das Recht auf Lust wird höher gewertet als die Verantwortung füreinander. Leben wir im Zeitalter der Lustbefriedigung? Durch das oberflächliche Streben nach Lust wird das Leben in seiner Vielfalt und seinen Möglichkeiten langsam, aber sicher zerstört. Denn Lustgewinn hinterläßt ein Unlustgefühl, und das wiederum verleitet zu neuer Lustsuche. So entsteht schließlich die Sucht, die einen Menschen versklavt. Denn jede kurzfristige Lustbefriedigung löst neue Begierde aus. Und um die Befriedigung zu erreichen, werden immer neue Wünsche geschaffen. Der Wunsch wird gereizt, bevor der Mangel spürbar geworden ist. So werden die Ansprüche immer zahlreicher, ausgefallener.

Es ist einfach nicht wahr, daß eine Sofortbefriedigung eines Wunsches Glück bedeutet. Woher kommt es denn, daß bei allem Wohlstand so wenig Menschen glücklich sind? Es liegt doch nicht daran, daß sie sich diesen oder jenen Wunsch nicht leisten können. Sie haben die Wunschbefriedigung zu ihrem Lebensziel gemacht. So ist der Mensch zu einem Manager des Glücks geworden, ständig auf der Jagd nach dem Noch-nicht-Dagewesenen, dem Nervenkitzel, dem Rausch. In seinem Vergnügungsrausch taumelt er von einem Extrem ins andere. Doch »die Jagd nach dem Glück« – sagt Frankl – »verjagt es auch schon«. Wenn nun die herkömmlichen Methoden ihm nicht zu seinem Glück verhelfen, versucht er es bei der Magie, der Astrologie oder den fernöstlichen Wunderreligionen. So vergeht ein Tag nach dem andern, und ein Jahr nach dem andern. Und wenn der Mensch erwacht, ist er alt geworden und stellt resigniert fest, daß ihm die Kräfte, die ihm in seinem Alter zur Verfügung stehen sollten, nicht mehr gehören, weil er sie sein Leben lang ausgebeutet und somit mißbraucht hat. Prof. Weinreb sagt zu Recht: »Das wirkliche Übel ist nicht die Vergiftung der Luft, noch die der Nahrung, sondern die fortschreitende Vergiftung des Menschen.« Dieser durch ideologische Einflüsse entstellte Mensch, der sein ganzes Streben an ein Fehlziel verschwendet, leidet unbewußt an dieser inneren Kluft zwischen dem Soll und dem Ist. Die ihm innewohnende Bestimmung ist nur noch ein unterschwelliges Ahnen, das krampfhaft unterdrückt wird. Das aber führt zu einem Unlustgefühl, zu Unzufriedenheit und Rebellion. Denn da er die ursächlichen Zusammenhänge nicht sieht, meint er, einen Schuldigen suchen zu müssen. Er macht äußere Faktoren verantwortlich für seine innere Unausgeglichenheit. Er kennt weder Ursprung noch Ziel seines Lebens. So schafft er sich Scheinziele, denen er hinterherläuft. Dabei vergleicht er sich mit anderen, um seinen Wert an ihnen zu messen. Er kann jedoch den andern nur am äußeren Erfolg messen. So stellt er dieser vermeintlich erreichten Erfolgsstufe seine eigene innere Zerrissenheit gegenüber und befindet sich im Defizit. Dieses Defizit nun meint er ausgleichen zu müssen, und zwar kompromißlos und erbarmungslos.

Die Ausgleichsversuche äußern sich auf sehr unterschiedliche Weise. Der eine flieht in die Passivität, er zieht sich zurück, um sich zu schützen. Er fühlt sich nur sicher, wenn er in den eigenen vier Wänden allein ist; ein anderer flieht in die Aktivität, um sich und andere zu täuschen; oder er versucht, sich anzupassen, um ja nicht aufzufallen. Ein anderer versucht, das vorhandene Defizit zu überspielen, er prahlt und gibt sich überlegen, oder er wird aggressiv, um einem Verletztwerden vorzubeugen.

Wir beobachten zwei Hauptströmungen: den Rückzug und den Angriff. Beide, so gegensätzlich sie sind, entstammen doch ein und derselben Wurzel und haben ein und dasselbe Ziel. Sie entstammen der Verletzbarkeit des Menschen und dienen dem Schutz des eigenen Selbst. Der Rückzug und auch der Angriff können alle möglichen Formen annehmen und an Intensität sehr unterschiedlich sein. In seiner extremsten Form haben wir es mit dem Selbstmord bzw. dem Mord zu tun. In beiden Fällen geht es um das Prinzip: alles oder nichts.

b) Verschiedene Kompensationsversuche

Ich bin nicht da

Wenn ich nicht da bin, kann mich niemand zur Verantwortung ziehen, niemand kann mir Vorwürfe machen. Niemand mich bestrafen. Allein in der Bundesrepublik Deutschland sterben Jahr für Jahr 13 000 bis 14 000 Menschen durch ihre eigene Hand, Menschen, die sich bewußt für ihren eigenen Tod entschieden haben.

Nun gibt es verschiedene Motive, die zu dem Entschluß führen, dem Leben ein Ende zu setzen. Da ist der krankheitsgeschichtliche Hintergrund oder die Kurzschlußhandlung. Aber nicht selten haben wir es mit einem Bilanz-Selbstmord zu tun. Wie bei einer mathematischen Gleichung kommt dieser Mensch zu dem Schluß, daß sein Leben nicht lebenswert ist. Er ist von der Hoffnungslosigkeit und Sinnlosigkeit seines Lebens überzeugt, so daß er nur selten bei einem Arzt oder einem vertrauten Menschen Rat sucht. Häufig findet man ihn, wenn es zu spät ist, und ist zutiefst erschüttert, weil niemand etwas von der Tiefe des inneren Konflikts geahnt hatte.

Ich denke an eine junge Frau, die in einer sehr einengenden Beziehung aufgewachsen und von ihrer Mutter von klein auf über-ängstlich umsorgt worden war. Um dieser besitzergreifenden Mutter zu entrinnen, floh sie in eine Ehe, die unglücklich wurde. Auch ihre überbetonte Emanzipation konnte sie nicht darüber hinwegtäuschen, daß sie tief unglücklich war. Ihr Leben hatte für sie keinerlei Wert. Da die Ehe kinderlos blieb, hatte sie auch nach der Scheidung keine enge Bindung. Eines Morgens fand man neben ihrem Bett den Abschiedsbrief. Sie war zu dem Schluß gekommen, daß ihr Leben nicht wert war, gelebt zu werden.

Neben dem Bilanz-Selbstmord gibt es auch den demonstrativen Suizidversuch, der – obwohl ungewollt – durchaus einmal gelingen kann. Auf der einen Seite ist er ein Appell, um andere auf sich aufmerksam zu machen, um auf diese Weise in den Mittelpunkt zu rücken und dadurch das eigene geschrumpfte Wertgefühl aufzu-werten, auf der anderen Seite kann er eine Rache sein. Man wurde verletzt und will sich rächen, indem man den andern mit dem Schuldgefühl bestraft.

Hier haben wir es mit einem Rückzug zu tun, der zugleich ein Angriff ist.

Totstellreflex

Ähnlich – wenn auch nicht mit letzter Konsequenz – haben wir es in einigen Depressionsformen mit einem Rückzug zu tun. Wie bei einem Totstellreflex entzieht sich der Mensch allen unangenehmen Auseinandersetzungen und lebt gleichsam einsam vor sich hin. Alle Versuche, ihn aus seiner Isolation herauszulocken, scheitern, denn dieser Mensch hat Angst, sich einem andern auszuliefern. Er hat Angst, sich lächerlich zu machen; Angst, sich zu verlieren. Er ist so stark mit sich selbst beschäftigt und auf sich selbst fixiert, daß er sich in Gegenwart anderer ständig beobachtet und angegriffen fühlt. Er möchte am liebsten gar nicht gesehen werden.

Dieses Zurückziehen geschieht einmal innerhalb der zwischenmenschlichen Beziehung, zum andern aber gilt der Rückzug auch der eigenen Person. Am liebsten möchte er mit sich selbst nichts mehr zu tun haben. Wie von einer inneren Lähmung befallen, fängt er an, sein Äußeres zu vernachlässigen. Es fehlt jeglicher Schwung, jegliche Motivation, sich selbst zu pflegen. Eine schwere Müdigkeit und Lustlosigkeit hält ihn gefangen.

Ich habe eine junge Dame kennengelernt, die durch ihr ungepflegtes Äußeres auffiel. Dabei paßte ihre äußere Erscheinung gar nicht zu ihrem Wesen. Sie war außerdem sehr hübsch, wenn auch ihre Haare ungepflegt herunterhingen und ihre Kleidung ausgesprochen vernachlässigt war. Sie wurde von einer Verwandten mitgeschleppt und gleichsam bei mir abgeliefert. Nun saß sie vor mir und schwieg. Dann endlich klagte sie: »Niemand mag mich, nicht einmal mein Mann.« Und nach einer Weile kam es resigniert über ihre Lippen: »Er will sich von mir scheiden lassen.«

Und dann sprachen wir über ihr verletztes Selbstwertgefühl. Bei dieser jungen Dame war eine innere Verletzung vorausgegangen. Nachdem sie von ihrem Freund ausgenutzt worden war, hatte sie

die Achtung vor sich selbst verloren. Sie war voller Minderwertigkeitsgefühle und lebte in einem versteckten Groll – dem Freund
gegenüber, aber auch sich selbst gegenüber. Schließlich hoffte sie,
durch eine Heirat wieder neues Selbstvertrauen zu bekommen.
Aber ihr eigentliches Problem wurde dadurch nur verstärkt. Sie
hatte ständig das Gefühl, ihrem Mann gegenüber schuldig geworden zu sein, als müßte sie etwas wiedergutmachen. Sie ärgerte sich
über ihr schlechtes Gewissen und versuchte, sich selbst zu bestrafen, indem sie der eigenen Person kaum noch Beachtung schenkte,
zumindest, was das Äußere betraf. Aber auch das war keine
Lösung. Denn als sie merkte, daß ihr Mann sich von ihr zurück-
zog, vertiefte sich noch ihre eigene Unsicherheit. Ihre Selbstver-
achtung führte sie endlich in die Depression. Sie meinte grundsätzlich, andere Menschen seien besser als sie und ihr überlegen. Diese
eigene Feststellung vermochte niemand zu korrigieren. Unbewußt
verglich sie sich mit dem eigenen, zu hohen Ideal, diesem Bild, das
sie von sich selbst erträumte und doch niemals erreichte. Enttäuscht von sich selbst zog sie sich zurück.

Niemand ist so krank wie ich

Auch Krankheit kann ein Rückzug sein, Zeichen eines falsch ver-
arbeiteten Minderwertigkeitsgefühls.

Empört saß Frau S. vor mir. Dieser Arzt und jener Professor
taugten nichts. Sie alle hatten – ihrer Meinung nach – die Schwere
ihrer Krankheit nicht erkannt. Jetzt hoffte sie, von mir ihre eigene
Schicksalsdiagnose bestätigt zu erhalten, die sie als unheilbar
krank abstempelte. Ihr ganzes Selbstwertgefühl hing davon ab.

Wir begegnen immer wieder Menschen, die mit ihrer Krankheit
über andere eine Macht ausüben. Ihre Krankheit ist zu ihrem
Lebensinhalt geworden. Sie stellt einen unschätzbaren Wert dar,
den sie auf keinen Fall verlieren möchten. Sie wird zu einem Mittel, den anderen sich untertan zu machen. Denn nur in der Krankheit können sie König sein. Hier können sie herrschen, befehlen.
Welch eine Tragödie wäre es für sie, wenn jemand käme und
behaupten würde, er könne helfen!

In der heutigen Gesellschaft können wir es in der ärztlichen Praxis täglich beobachten, wie die Krankheit ein Mittel wird, um selbst zur Geltung zu kommen. Die kleinsten Verletzungen werden ängstlich behütet, geringe Beschwerden sorgsam gepflegt und körperliches Mißbehagen ärztlich bescheinigt. Warum? Nicht nur, weil man glaubt, ein Recht darauf zu haben, die Pflege des Staates in Anspruch zu nehmen. Das auch. Aber dahinter steckt zugleich die Flucht vor der Verantwortung dem Leben gegenüber. Wenn ich krank bin, kann niemand etwas von mir fordern. Wenn ich krank bin, muß ich geschützt werden. Dann werde ich versorgt. Kranksein wird somit zu einem Besitz, der mir einen bestimmten Wert verleiht. Dieser Wert kann sogar in DM ausgezahlt werden. Und in der Tat verdienen sie gut in ihrer Krankheit! Manchmal besser, als wenn sie sich den ganzen Tag abschufteten. Sie sind ja entsprechend versichert.

Es ist gut, daß das Sozialversicherungswesen eingeführt wurde. Aber darin liegt zugleich eine große Gefahr. Fürsorge darf nicht zu Passivität und Kranksein verleiten. Sie soll Schutz sein, nicht aber ein Lockmittel, den Anforderungen des Lebens zu entfliehen! Da man sich minderwertig fühlt, wird die Krankheit ein Mittel zur Selbstaufwertung.

Doch betrachten wir noch weitere Versuche, die dazu verhelfen sollen, das Bewußtsein der eigenen Fehlleistung auszugleichen.

Die Flucht in den Traum

Frau M. war eine gesellige, aparte junge Frau, aber voller Minderwertigkeitsgefühle. Ihre Eltern waren geschieden, als sie noch ein kleines Kind war. Seitdem war sie zwischen den Verwandten hin- und hergereicht worden. Sie hatte vorzeitig die Schule verlassen, um einen einfachen Beruf zu erlernen, der jedoch nicht ihrer eigentlichen Begabung entsprach. Obschon sie intelligenzmäßig durchaus anderen ebenbürtig war, fühlte sie sich ständig unterlegen und glaubte, sich schützen und verteidigen zu müssen. Sie lebte Tag für Tag in Angst, jemand könnte sie nach ihrem Woher und Wohin fragen. Sobald die Unterhaltung sich in diese Richtung entwickelte, brach sie plötzlich das Gespräch ab, wurde aktiv, hatte noch dies und jenes zu erledigen oder schnitt ein anderes Thema an. So bekam ihr Verhalten etwas Unruhiges, Gehetztes, Unnatürliches. Sie suchte nun häufiger solche Menschen auf, denen sie überlegen sein konnte. Hier fühlte sie sich sicher. Eines Tages kam sie mit einigen jungen Menschen in Kontakt, die von ihren Erlebnissen in einer neuen Traumwelt schwärmten, einer Welt der schillernden Farben und Formen und sphärischen Töne. Aber anstatt des euphorischen Glücks erlebte sie eine Welt des Grauens, von der sie seitdem verfolgt wurde.

Immer mehr Menschen greifen nach Drogen und Alkohol, um der grauen Wirklichkeit zu entfliehen. Sie fliehen in den Traum, um die harte Realität zu verleugnen. Viele von ihnen tragen ihre alte Verwundung mit sich herum und leben in Angst, jemand könnte diese verwundbare Stelle berühren.

So sind sie auf der Flucht und würden am liebsten alle Menschen meiden aus Angst, verletzt oder gefühlsmäßig in eine Sackgasse gedrängt zu werden. Aber dann müssen sie erkennen, daß der Traum sie in eine Welt entführt, die noch grausamer ist als die frühere Wirklichkeit.

Die Anpassung

In der äußeren Erscheinung spiegelt sich nicht selten das innere Selbstwertgefühl; aber auch umgekehrt: die äußere Erscheinung beeinflußt das Selbstwertgefühl eines Menschen. Wenn ich gut gekleidet bin, fühle ich mich im allgemeinen sicherer, als wenn ich mich ungepflegt zeige – oder besser: wenn ich angepaßt gekleidet bin, d. h. wie es dem Rahmen entspricht, in dem ich mich gerade befinde; denn auch die bewußte äußere Vernachlässigung, wie wir sie heute oft antreffen, ist schon wieder eine Form der Anpassung: nur nicht spießig erscheinen. Auch die scheinbare Erhabenheit über jede Form ist eine Form, die schließlich das Verhalten eines Menschen bestimmt.

In diesem Trend zeigt sich eine starke Abhängigkeit von der jeweiligen Gruppe. Man schießt in seiner Anpassung lieber über das Ziel hinaus und verhält sich betont schnoddrig und kleidet sich bewußt schlampig, um nur ja sein Unabhängigsein zu demonstrieren. So wird die herausgeforderte Kritik der »anständigen« Bürger zur Selbstbestätigung. Bei einem angepaßten Menschen ist der Herdentrieb stärker als das Bedürfnis nach Individualität. Das Angepaßtsein geht so weit, daß man denkt, was die Gruppe denkt, und für gut hält, was die Gruppe entscheidet. Weil der einzelne nicht weiß, wer er ist, identifiziert er sich mit der Gruppe.

Dieses Gruppenbewußtsein wird schon im Kindergarten gefördert. Das kleine Kind, das noch kaum sprechen kann, wird nach seinem Sozialverhalten und seiner Anpassungsfähigkeit beurteilt. So wird die Gruppe zur Norm. Sie ist es, die über Recht und Unrecht entscheidet, wobei das Recht wandlungsfähig ist und der Gruppe untergeordnet wird.

Es ist schwer, sich der Masse entgegenzustellen. Wir leben miteinander und sind voneinander abhängig. Instinktiv spürt der Mensch, daß er den Menschen braucht, daß er losgelöst nicht existieren kann. Wer nicht mitmacht, was alle tun, und gutheißt, was alle verherrlichen, wird als rückständige Kuriosität betrachtet. So stürzen sich manche junge Menschen in fragwürdige Abenteuer, nur um die Anerkennung der Gleichaltrigen zu bekommen und in ihren Augen gleich wert zu sein.

Eine gewisse Anpassung ist immer erforderlich und gilt als Zeichen der Reife. Aber wenn jemand sich aus Angst anpaßt, so ist der Weg nicht mehr weit, die Schrecken der Vergangenheit zu wiederholen. Denn Konzentrationslager und Massenhinrichtungen können letztlich nur geschehen, weil der einzelne seine Verantwortung von sich abwälzt, um sich der Meinung der Stärkeren, der Masse, zu beugen.

Ich danke dir, Gott, daß ich nicht bin wie . . .

Bei dem Versuch, sein Minderwertigkeitsgefühl zu überwinden, ist der Mensch sehr erfinderisch. Erbringt er auf materiellem Weg nicht die gewünschte Leistung, so ist er bemüht, sich durch ideelle Werte hervorzutun oder auch durch religiöse Aktivität sich und andere über sein inneres Defizit hinwegzutäuschen. So kann eine betonte Frömmigkeit Flucht und Angriff zugleich sein.

Flucht: weil der Mensch auf allen anderen Gebieten versagt hat und sich nirgends zurechtfindet, zieht er sich von der Welt zurück und baut sich seine eigene Welt, in der er nach Belieben herrschen kann.

Angriff: weil seine Art zu leben und zu reden eine versteckte Anklage darstellt. Mit unbelehrbarer Hartnäckigkeit werden eigene Dogmen zum Maßstab für Gerechtigkeit und andere Menschen mit Hilfe des selbstgebastelten Gottesbegriffes eingeordnet. So wird die Frömmigkeit zum Mittel, das eigene Selbst aufzublähen, um ihm eine größere Macht zu verleihen. Die Verliebtheit in das eigene Ich macht sie blind für den Herrschaftsanspruch Gottes. Mit genialer Fähigkeit verstehen es diese Menschen, die Bibel der jeweiligen Situation anzupassen und in ihrer Selbstrechtfertigung Gott zum Verbündeten zu zitieren, um damit ihre Überlegenheit zu demonstrieren.

Wir finden diese Menschen Sonntag für Sonntag im Gottesdienst. Es gibt keine religiöse Veranstaltung, in der sie nicht anwesend wären. Und in den Gebetsstunden beten sie nicht selten die längsten Gebete. Doch all ihre Aktivität dient nur dazu, ihre eigene Frömmigkeit unter Beweis zu stellen und Bewunderung zu finden, bei Menschen – und Gott. Mit ihrer scheinbaren Selbstlosigkeit wollen sie Menschen imponieren und mit ihrer Pseudo-Demut – Gott.

Sie können ein Leben lang an dieser Frömmigkeit gezimmert haben, so daß sie ein Stück Persönlichkeit geworden ist. Ihren ursprünglichen Minderwertigkeitskomplex haben sie so gekonnt überspielt, daß er ihnen nur selten selbst bewußt ist.

Ich will dir helfen!

Aber nicht nur Frömmigkeit kann mißbraucht werden, um sich selbst zur Geltung zu bringen; auch das soziale Engagement kann dazu dienen, das eigene Minderwertigkeitsgefühl zu verarbeiten. Dabei geht es nicht um denjenigen, dem geholfen werden soll, sondern um den Helfer selbst. Um das eigene Wertgefühl zu steigern, braucht er die Schwäche des andern. Das Helfenwollen wird zu einem Syndrom, d. h. zum Zeichen einer Erkrankung, der Erkrankung des eigenen Selbstwertgefühls. Und oft wird eine Ehe auf solch einem Krankheitssyndrom aufgebaut.

Herr M. war alkoholabhängig geworden. Er litt unter dieser Sucht, fand aber keine Kraft, allein dagegen anzugehen. Seine Freundin hatte Mitleid mit ihm und wollte ihm helfen. Hier sah sie ihre große Chance, jemand sein zu können, Gönner zu sein, austeilen zu können, den andern von der eigenen Liebesspende abhängig zu machen. Sie heirateten. Zunächst verlief ihre Ehe störungsfrei. Die Frau hatte eine Aufgabe gefunden, die sie sehr ernst nahm. Und Herr M. ließ sich ihre Hilfe gerne gefallen. Er schaffte es sogar, von seiner Sucht freizukommen. Und damit nahm die Tragödie ihren Anfang. Plötzlich erkannte die Frau: mein Hilfsangebot ist nicht mehr erwünscht. Das brachte sie in Panik. Sie versuchte alles, um ihren Mann unmündig zu halten und wieder den hilfsbedürftigen Jungen aus ihm zu machen, der er einmal war. Jetzt fühlte die Frau sich ihrem Mann gegenüber nicht mehr überlegen. Sie bangte um ihre Position, in der allein sie zur Geltung zu kommen meinte. Sie war nicht fähig, Partnerin zu sein. Sie brauchte jemanden, den sie betreute, der auf ihre Hilfe angewiesen war, der ihr Dank schuldete. Also mußte sie ihn wieder hilfsbedürftig machen. So kritisierte und nörgelte sie den ganzen Tag an ihm herum. Nichts konnte er ihr recht machen. Das dauerte fünf Jahre. Dann wurde die Ehe geschieden.

Ein echter Helfer freut sich, wenn dem Hilfesuchenden geholfen wird. Er erhebt keinen Anspruch auf ihn. Aber diese Frau brauchte die Schwachheit des andern, um sich selbst stark zu fühlen. Sie machte ihre Daseinsberechtigung von dem Status des Helfers abhängig. In dem Augenblick, wo sie diesen Status gefährdet sah, erschien auch zugleich der Sinn ihres Lebens in Frage gestellt. So konnte sie sich nur akzeptieren, wenn sie einem andern überlegen war. Dieses Geltungsbedürfnis zeugte von ihrer großen Eitelkeit, die sie jahrelang pflegen konnte, ohne entlarvt zu werden.

Ein Helfersyndrom finden wir leider auch bei manchen sogenannten Seelsorgern oder Beratern. Um ihr eigenes Minderwertigkeitsgefühl zu überwinden, brauchen sie den Hilfesuchenden, den sie dann mit gutgemeinten Ratschlägen eindecken und ihn mit ihrem Hilfsangebot unmündig halten. (Näheres über die Person des Seelsorgers s. *»Resignieren oder hoffen«* S. 53 ff.)

Eifersucht

Ähnlich wie bei dem sogenannten Helfersyndrom geht auch Eifersucht auf ein geschädigtes oder zumindest geschwächtes Selbstwertgefühl zurück. Bis zu einem gewissen Grade ist Eifersucht ein durchaus normales Empfinden und innerhalb der ehelichen Gemeinschaft ein gewisser Schutzmechanismus. Aber es gibt eine Eifersucht, die dem andern keinen freien Raum läßt, ihn vielmehr mit Mißtrauen überwacht und alles, was er tut, kontrolliert. Durch die ständige Kontrolle fühlt der andere sich eingeengt und versucht, dieser Umklammerung zu entfliehen. Dadurch wächst das Mißtrauen. Und so entsteht der Teufelskreis.

Sie war Ende vierzig, sehr gepflegt und gesprächig. Aber sie redete etwas zu viel von dem, was sie konnte. Doch das war nicht einmal das Schlimmste. Unerträglich war ihre Eifersucht, mit der sie ihren Mann verfolgte. Wenn ihr Mann unterwegs war, so rief sie an, um zu kontrollieren, ob er auch wirklich auf direktem Wege dort hingefahren war oder irgendwo einen Umweg eingeplant hatte, um sie zu täuschen. Voller Mißtrauen verfolgte sie alles, was er tat. Sie engte ihn dermaßen ein, daß er allmählich Hemmungen bekam, ihr zu sagen, wohin er fuhr. Andererseits trieb sie ihn geradezu aus dem Haus. Denn war er daheim, quälte sie ihn mit Fangfragen, um ihn endlich, wie sie meinte, zu überführen.

Zunächst hatte er versucht, die Eifersucht seiner Frau zu zerstreuen. Aber je mehr er sich wehrte und seine Unschuld zu beweisen suchte, desto mißtrauischer wurde sie: »Wenn du nicht ein schlechtes Gewissen hättest, würdest du dich nicht so verteidigen«, argumentierte sie. Schwieg er, so war damit ihre Eifersucht – ihrer Meinung nach – begründet.

Wie konnte es zu dieser Eifersucht kommen?

Der Mann entstammte einer angesehenen Aristrokratenfamilie, während die Frau aus einfacher Familie kam und vor ihrer Ehe als Hilfskraft gearbeitet hatte. Sie fühlte sich minderwertig und lebte ständig in Angst, ihrem Mann nicht ebenbürtig zu sein. Sie fürchtete, ihr Mann könne sie eines Tages leid werden und die Gespräche mit einer anderen Frau suchen, die solche Themen anzubieten verstand, die sein Interesse teilten. Er aber hatte keine geistreiche Unterhalterin gesucht, mit der er nächtelang diskutieren konnte, sondern eine warmherzige, mütterliche Frau, die das Haus in ein Zuhause verwandelte. Jetzt aber war sein Haus ein Gefängnis. Eine Strafanstalt.

So kann der familiäre Stand später in der Ehe zu einem Problem werden. Wenn die Frau einer Akademikerfamilie entstammt und der Mann über den Status eines Hilfsarbeiters nicht hinausgekommen ist – oder umgekehrt –, so kann sich daraus ein echter Konflikt entwickeln. Manchmal wird man an das frühere Kastenwesen erinnert. Trotz aller Gleichstellung leben diese Unterschiede doch im Bewußtsein der einzelnen und quälen und bohren oder verunsichern. Es hilft nur wenig, theoretisch sich klarzumachen, daß der Wert eines Menschen weder von seiner Herkunft noch von seiner Bildung abhängt. Dieses Vorurteil ist so tief im menschlichen Denken verwurzelt, daß der Betroffene sich nicht davon zu lösen vermag. Er hat immer das Gefühl, etwas verstecken zu müssen.

Wußten Sie, daß nach einer statistischen Untersuchung der vierthäufigste Grund einer Ehescheidung auf einen unterschiedlichen Bildungsstand zurückgeführt wird? Nun ist der Bildungsstand nicht immer identisch mit der tatsächlichen Intelligenz und besagt heute nicht mehr viel. Aber die Bereitschaft zum Lernen, Aufgeschlossenheit für gewisse Themen und Interesse sind eine wichtige Voraussetzung für das Gelingen einer Ehe.

Sexualität als Selbstbestätigung

All diese Mechanismen der Selbstbestätigung laufen unbewußt ab. Der Mensch erlebt das Uneinssein mit sich selbst mit Unbehagen. Er spürt eine innere Spannung, ohne zu wissen, wodurch diese Spannung entsteht, und versucht, das innere Gleichgewicht wiederherzustellen, wobei das Mittel, das er wählt, abhängig ist von Veranlagung und Erziehung.

Auch die Sexualität kann als Mittel benutzt werden, sich selbst herauszustellen.

Ich habe Männer kennengelernt, die wechselten von einer Frau zur andern, um Anerkennung und Selbstbestätigung zu finden. Der »geglückte« Ehebruch wurde für sie zu einem Erfolgserlebnis, mit dem sie im Kreise ihrer Freunde prahlten. Die Sexualität wird zum Statussymbol. Sie setzen sich bewußt über Formen des menschlichen Zusammenlebens hinweg und verachten ethische Begriffe wie Treue und schaffen sich eine eigene Moral. Diese Menschen suchen Selbstbestätigung im Ehebruch und der Prostitution. Hier meinen sie, jemand sein zu können. Nur hier glauben sie, Anerkennung zu finden. Hier fühlen sie sich akzeptiert. Sie suchen zumeist nicht primär Lust, sondern Anerkennung. Und manchmal auch Rache.

Ilse erzählte folgendes aus ihrer eigenen Lebensgeschichte: Sie war als einziges Mädchen unter vier Brüdern aufgewachsen. Immer wieder ließ man sie es spüren, daß sie weniger Rechte hatte als ein Junge und weniger wert war. So war sie bemüht, sich wie ein Junge zu verhalten. Aber das Gefühl, nicht ernst genommen zu werden, nagte an ihr. Sie wurde bitter und wollte sich rächen. In der Pubertät stellte sie plötzlich fest, daß junge Männer auf sie aufmerksam wurden und bemüht waren, ihr jeden Wunsch zu erfüllen. Sie spielte nun bewußt ihre weibliche Rolle, um über die Männer Macht zu gewinnen. Ihr Unterlegenheitsgefühl schlug um in das Bewußtsein der Überlegenheit. Jetzt suchte sie ganz bewußt bekannte Männer, denen sie sonst schüchtern untertan gewesen wäre. Jetzt aber wollte sie an ihnen ihre Weiblichkeit ausprobieren und stellte jedesmal mit einem Triumph fest, daß sie mit ihnen nach Laune umgehen konnte. Sie hatte das Gefühl, jeden Mann zu

Fall bringen zu können. Das gab ihr Sicherheit und Selbstvertrauen. Sie wußte nicht, daß sie im Grunde nur ein Sklave ihres Minderwertigkeitsgefühls war.

Da will sich die Frau an dem Mann rächen, indem sie den Mann verführt, oder der Mann an der Frau, indem er die Frau zu Fall bringt, oder der Mann an dem Mann, die Frau an der Frau. Unter Umständen kann auch ein Teil der Homosexualität auf dieses innere Prinzip der Rache zurückgeführt werden, und so wird die Sexualität zu einer Macht, die einen anderen niederzwingt.

Anerkennung um jeden Preis

Die Geltungssucht zeigt sich in der Ehe sowohl als auch in der Familie, in Schule und Beruf, überall dort, wo Menschen miteinander leben.

Ich erinnere mich, daß ich eines Abends ein Haus betrat und den Eindruck hatte, in einem Museum zu sein. Alle Türgriffe waren aus schwerem Messing, in allen Ecken standen Figuren aus Bronze, auf und in den Vitrinen wertvolles Kristall, selbst das Telefon war vergoldet, und auf dem Tisch prangte vergoldetes Besteck. Wohin ich auch blickte, da glitzerte und glänzte es von Gold und Samt. Unwillkürlich hatte ich den Eindruck, dieses Gold könnte abblättern und den erbärmlichen Urzustand freigeben, den man so krampfhaft zu verstecken versuchte. Diese Angst, entlarvt zu werden! Welch eine Anstrengung wird unternommen, um der Tünche eine glaubhafte Tönung zu geben! So poliert der Mensch sein Selbst, er kaschiert und bläht auf, um über die nüchterne Wirklichkeit hinwegzutäuschen. Wer so um seine Anerkennung kämpft, ist tief mißtrauisch, fühlt sich leicht angegriffen und meint, sich verteidigen zu müssen. Getrieben von der Angst, erkannt, entdeckt, entblößt zu werden, pflegt er peinlichst seine Fassade, damit nur ja keiner dahinter kommt, daß diese Fassade eine Bretterbude umhüllt. So ist dieser Mensch ein Gefangener seiner selbst, beherrscht von dem Gedanken, sein inneres Vakuum verbergen zu müssen. Unentwegt reflektiert er: Wie wirke ich auf den andern, was denkt er von mir? Was reden die andern hinter meinem Rücken? Kein Wunder, daß dieser Mensch leicht erschöpft ist, denn er braucht ja all seine Kräfte für die Reflektion.

Ein solches Bemühen, die Fassade zu pflegen, um den andern zu täuschen, führt unweigerlich eines Tages zu einem Fiasko.

Das Bestreben, mehr zu sein, als man ist, steckt im Keim wohl in jedem von uns. Niemand möchte unbeachtet und vergessen am Rande stehen. Schon bei einem kleinen Kind können wir beobachten, wie es die Aufmerksamkeit der Besucher auf sich lenken möchte. Es will im Mittelpunkt stehen. Um das zu erreichen, wird es albern und spielt den Clown oder fängt an zu schreien.

Das gleiche Prinzip finden wir auch bei vielen Erwachsenen. Sie sind in ihrem Verhalten Kind geblieben und leben in der Reflektion. Sie leben von der Anerkennung der andern.

Das Bedürfnis, anerkannt zu werden, zeigt sich aber nicht nur äußerlich in einem modezentrierten Zurschaustellen oder einem prahlerischen Verhalten, sondern auch in der Aggression.

Im Gegensatz zum depressiven Verhalten, bei dem die Aggression sich in erster Linie gegen die eigene Person richtet, ist bei der Aggression die Waffe gegen den andern gerichtet, weil man nicht die Anerkennung fand, die man erstrebt hatte. Aber dahinter steckt ein verletztes Selbstwertgefühl. Um nicht unterlegen zu sein, unterwerfen sie den andern. In ihrer eigenen Lebensgeschichte haben sie bittere Erfahrungen gesammelt, die ihnen zeigten, was es bedeutet, unterlegen zu sein. So haben sie als Überlebenstraining die Spielregeln erlernt, andere zu drücken, um als Sieger hervorzugehen. Aber dann müssen diese Menschen erfahren, daß ihr Verhalten Feinde schafft. Dennoch ziehen sie vor, in der Vereinsamung zu leben, statt in der Niederlage.

Nach außen hin erscheinen aggressive Menschen entschlossen und stark. Sie wirken dominierend und aufdringlich. Aber gerade diejenigen, die nach außen so resolut und stark auftreten, verstekken dahinter oft ein großes Minderwertigkeitsgefühl. Sie sind im Innersten unsicher und fühlen sich in ihrem ganzen Sein in Frage gestellt. Um ihr Unsicherheitsgefühl zu überwinden, versuchen sie, sich selbst in den Mittelpunkt zu rücken und greifen an. Sie können es kaum ertragen, daß ein anderer besser und mehr gefragt ist als sie. Sie kritisieren, um sich selbst zu bestätigen. Nur in ihrer negativen Kritik fühlen sie sich stark und überlegen. So versuchen sie, den andern herunterzuspielen, um selbst zu glänzen. Sie dulden keinen Rivalen neben sich. Taucht jemand auf, der ihnen überlegen oder auch nur ebenbürtig ist, so werden sie sehr findig, um die Schwächen des Konkurrenten aufzudecken und wie einen Trumpf auszuspielen. Gelingt ihnen das nicht, räumen sie lieber das Feld, um nur ja ihren Ruhm nicht mit einem andern teilen zu müssen. Sie brauchen Anerkennung – um jeden Preis.

Im Umgang wirken diese Menschen zumeist arrogant, zynisch, von oben herab. Aber in ihrem eigentlichen Wesen sind sie selbstunsicher und leicht verletzbar. Sie können beruflich Beachtenswertes leisten und im sozialen Bereich viel Anerkennung finden, aber sie sind unglücklich. Denn durch ihr Verhalten zerstören sie jede Freundschaft. Was hilft ihnen der Titel an der Haustür – sei es Professor, Doktor oder Staatsanwalt –, wenn sie innerlich allein sind. Und ihre Enttäuschung wiederum reagieren sie in der eigenen Familie ab.

Es ist übrigens ein bekanntes Phänomen, daß man den Ärger, den man einstecken mußte, an einem Schwächeren abreagiert. Es ist das Minderwertigkeitsgefühl, das diesen Mechanismus unbewußt steuert.

Herr B. hatte eine Position in einer Firma, die nicht seinen tatsächlichen Fähigkeiten entsprach, d. h. er war unzufrieden, doch mußte er aushalten, da sich ihm keine bessere Arbeitsmöglichkeit bot. Hinzu kam, daß sein Chef sehr kleinlich und wegen seiner zynischen Art von den Untergebenen gefürchtet war. Um seinen Arbeitsplatz nicht zu gefährden, wagte Herr B. nicht, diesem Chef entgegenzutreten. Schweigend steckte er jede Bemerkung ein. Doch kaum war er zu Hause, demonstrierte er seine Macht dort, wo der Widerstand am geringsten ist: bei seinen Kindern und seiner Frau. Um innerlich wieder ins Gleichgewicht zu kommen, mußte er seine Überlegenheit beweisen. Und das geschah sehr lautstark. Als dann noch ein Nachbar seine Garage zu dicht an sein Gartengrundstück baute, klagte er von einer Instanz zur andern, um zu seinem Recht zu kommen.

Die negative Berühmtheit

Beobachten Sie einmal die Menschen um Sie herum, wie sie reden – oder auch schweigen –, Mimik und Gesten, sei es auf der Straße oder im Bus, nebenan im Supermarkt oder wo auch immer. Im Vorübergehen hört man, wie sie sich über Krankheiten unterhalten und ihren letzten Arztbesuch, über eine Tragödie in der Nachbarschaft oder einen Skandal. Es ist nicht nur der Wunsch, sich mitzuteilen, es schwingt auch das Bedürfnis mit, sich selbst interessant zu machen.

Ich kenne Menschen, die müssen bei jeder neuen Bekanntschaft ihr eigenes Schicksal mit Nachdruck und Trauermiene ausbreiten. Sie werben um Mitleid. Jedesmal neu. Hier wird das negative Erleben zu einem persönlichen Wert, den man vorweisen kann. Wenn wir dergleichen Angebote hören, gehen wir zwar höflich darauf ein, wie wir gelehrt worden sind, aber innerlich distanzieren wir uns – oder versuchen wir, eine eigene Story dem entgegenzusetzen.?

Beobachten Sie sich selbst in Ihrer Reaktion: Warum haben Sie diese Geschichte weitererzählt? War es wirklich so wichtig? Oder geschah es nicht vielmehr, um sich selbst interessant zu machen?

Diese versteckte Eitelkeit, die immer wieder durchschimmert in unserer Kommunikation, mehr sein zu wollen als man ist! Dieses Geltungsstreben kann extrem stark ausgebildet sein. Und wenn es auf positive Weise nicht befriedigt werden kann, dann auf negative, nach dem Motto: wenn ich nicht der Erste sein kann, dann will ich der Letzte sein; denn der Letzte ist von hinten gesehen noch immer der Erste. Ganz ähnlich, wie wir es bereits bei der depressiven Reaktion gesehen haben, nur mit dem Unterschied, daß die Kommunikation der Depressiven vorwiegend im negativen Gefühl besteht, das sie vermittelt, während bei dem negativen Geltungsbedürfnis Wort und Tat negativ geprägt sind. Auf diese Weise kommen Menschen zu einer sehr fragwürdigen Berühmtheit. Alles Stabile muß unterhöhlt und alles Übernommene verneint werden. Aber letztlich ist es nur die Weiterentwicklung eines Geltungsbedürfnisses, das in uns allen mehr oder weniger verborgen ist.

Die Macht der Verneinung, an der wir heute leiden und die nur ein Symptom einer negativen Haltung ist, begann m. E. mit der Studentenbewegung Mitte der sechziger Jahre. Ein neuer Lebensstil bahnte sich an, der in der Verachtung des sogenannten Establishments bestand.

Junge Menschen erkannten, daß vom Parlament, der Schaltstelle dieser Gesellschaft, das eigentliche Bedürfnis des Menschen nicht wahrgenommen wurde. Sie kritisierten eine unmenschliche Zivilisation, deren Ziel satter Reichtum ist. So bildete sich eine außerparlamentarische Opposition. In ihrer Einzigartigkeit fühlten sie sich überlegen und in ihrer Trotzhaltung stark. Verachtung war zu ihrem Lebensstil geworden. Zwar hatten sie allgemein Beachtung gefunden, in der sie selbst zur Geltung kommen konnten, aber ihr Beitrag trug nicht zur Heilung der Gesellschaft bei, sondern unterhöhlte sie und zerstörte, was noch notdürftig zusammenhielt. Denn viele ihrer Anhänger waren krank und gestört. Ist das zu negativ gesehen? Wenn man die Gesichter der Drogenszene vor sich sieht, die sich nicht mehr aus den Fängen ihrer Sucht befreien können, oder all diejenigen, die auf negative Weise zu Berühmtheit gelangt sind, so wird es deutlich, daß sie im Kern ihrer Persönlichkeit erkrankt sind. Sie haben versucht, die Welt zu verbessern, aber sich selbst konnten sie nicht verändern. Selbstunsicher in aller Überheblichkeit machen sie aus ihrer Ohnmacht eine Macht, indem sie den andern angreifen, sei es in Worten oder in der Tat.

Auch heute ist ihr Beitrag die Anklage, die Rebellion, die Verachtung, die Aggression, Gewalt – bis hin zum Mord.

Aber wir können die Welt nicht heilen, bevor wir selbst nicht heil geworden sind.

Das verlockende Angebot

Der Mensch sehnt sich danach, heil zu werden. Er läuft allen nur erdenklichen Heilsversprechen hinterher, denn er sucht etwas, das sein quälendes Insuffizienzgefühl auszufüllen vermag. Er versucht es im Materialismus und Sozialismus, in Kunst und Religion, in Magie und Wissenschaft. Er greift gierig nach allen Angeboten, die ihm versprechen, sein inneres Vakuum auszufüllen. So liest er auf großen Plakaten, daß der Mensch durch Entspannung und Meditation in das Verborgene vorstoßen kann und er in andere Weiten geführt wird, in eine andere Dimension. Dadurch, daß dieses Angebot in einem fernöstlichen Gewand zu ihm gelangt, wird das Interesse noch gesteigert, denn in seinem eigenen Raum hat er bereits alle Versuche abgegrast. Vor allem junge, intelligente Menschen fühlen sich von dem metaphysischen Hintergrund angezogen. Sie haben gesehen, wie eine Gesellschaft, die auf dem Prinzip des Habens aufgebaut ist, in ihrer Selbstsucht erstickt. Wo der Wert eines Menschen an dem gemessen wird, was er hat. Sie haben gesehen, daß das materialistische Denken zu immer neuem Konsum führt und der Mensch durch größeren Besitz doch nicht zufriedener geworden ist.

Die ostasiatische Lebensweisheit dagegen bringt neue Denkweisen und andere Wertmaßstäbe. Doch selbst dann, wenn Gedanken aus dem asiatischen Raum in den Westen gelangen, werden sie mit westlichem Verständnis aufgenommen und nach dem wirtschaftlichen Denkschema interpretiert. Dennoch ist die östliche Lebensphilosophie in der Tat für viele junge Menschen ein verlockendes Angebot.

So wird der Buddhismus mit seiner Lebensphilosophie für die materialistisch eingestellte Gesellschaft des Westens eine Herausforderung, und für denjenigen, der sich überdrüssig von dem westlichen Lebensprinzip abwendet, eine neue Lebensform.

Nach der Lehre Buddhas ist das Leben Leiden. Nicht nur Geburt, Krankheit und Sterben, sondern auch Freude bedeutet Leid; denn was für den einen zur Freude gereicht, kann einem andern zum Leid werden. Freude wiederum ist vergänglich und der Verlust der Freude ist ohnehin wieder Leid. Also ist Leben Leiden. Das Leid aber entsteht letztlich durch die Begierde und das Streben, an seinem Selbst festhalten zu wollen. Wenn ich aber nicht da bin, so habe ich auch keine Begierde mehr und damit hört auch der Kreislauf des Leidens auf. Ich selbst bin im Buddhismus aufgewachsen und mit diesem Gedankengut von Kind an vertraut.

Geht es dem Materialismus um eine Befriedigung der eigenen Bedürfnisse, so lehrt der Buddhismus eine völlige Bedürfnislosigkeit durch die Auflösung des Selbst. Vielleicht ist das mit ein Grund, warum das psychologische Gedankengut in Europa zu Hause ist und in Asien nicht Fuß fassen kann; denn in der Psychologie ist man bemüht, die totale Befriedigung des Menschen zu erreichen. Es wird mehr und mehr in den einzelnen hineingestopft. Lehrt der Materialismus sich der Welt gleichsam einzuverleiben, so fordert der Buddhismus eine totale Entsagung dieser Welt. Hinter den scheinbar so völlig entgegengesetzten Lebensformen aber entdecke ich doch eine gemeinsame Wurzel. Sowohl der materialistische als auch der buddhistische Versuch wollen erreichen, das vorhandene Defizit durch Leistung auszugleichen. Die innere Unzufriedenheit, das Gefühl, minderwertig zu sein, soll in dem einen oder anderen Versuch bewältigt werden. Diese Bewältigung in Form einer Leistung kann sowohl im Materiellen zum Ausdruck kommen als auch im Ideellen. Denn auch das Streben, absolut wunschlos zu sein, ist schon wieder eine Leistung, die der Mensch aufzubringen versucht, um dadurch sich selbst zu erlösen.

Das verborgene Prinzip

Die Jagd nach dem Phantom

Bisher haben wir versucht, verschiedene Verhaltensweisen zu skizzieren, die eine mangelnde Lebensbewältigung erkennen lassen. In der Praxis haben wir täglich mit Menschen zu tun, die sich selbst als Versager bezeichnen. Sie alle zeigen Überforderungssyndrome. Sie klagen über Konzentrationsunfähigkeit, über Schwindel und Kreislaufstörungen, über Herz- und Gallenbeschwerden, über Magen und Darm sowie über Kopfschmerzen . . .

Wie aber läßt sich eine Überforderung mit den heutigen Arbeitsbedingungen vereinbaren? Noch nie haben dem Menschen so viele technische Hilfsmittel zur Verfügung gestanden. Noch nie hat er über so viel Freizeit verfügt wie heute. Und doch sprechen wir schon bei Kindern von einer Überforderung, und Schüler und Studenten klagen über den Streß.

Liegt die Ursache wirklich in einer überhöhten Anforderung, die an den Menschen gestellt ist, oder sind es die überhöhten Ansprüche, die er an das Leben stellt, daß er meint, sich alles leisten zu müssen, was ihm als begehrenswert angeboten wird?

In dieser extrem wirtschaftsorientierten Gesellschaft steht oder fällt der Wert mit dem Besitz. Das Ziel wird immer höher gesteckt und damit immer unerreichbarer. So jagt der Mensch hinter einem Phantom her, und wenn er meint, es zu greifen, entschwindet es.

Oder liegt die Ursache seiner fehlerhaften Lebensbewältigung in der verführerischen Lebensphilosophie von Gleichberechtigung und Selbstverwirklichung, die wie eine magische Formel sich in das Bewußtsein der Menschheit eingeschlichen hat und ihr ein Ideal vor Augen stellt, das zwar den Namen der Ich-Entfaltung trägt, in Wahrheit aber den Menschen verrät? Die überhöhte Anforderung und übersteigerten Ansprüche sowie die verführerische Lebensphilosophie aber sind nur Symptome, nicht Ursache einer Störung. Sie sind Ausdruck einer Suche auf dem Weg zu sich selbst. Die eigentliche Ursache für all diese Scheinlösungen, mit denen der Mensch sich selbst in seiner tiefen Unzufriedenheit zu behandeln sucht, sehe ich in einem anderen Zusammenhang.

Das falsche Maß

In seinem Selbstwertgefühl ist der Mensch von jeher ansprechbar. Hier, an seiner verwundbarsten Stelle fängt auch seine Versuchlichkeit an. Er schielt nach dem, was er nicht hat – und seiner Bestimmung nach auch nicht erreichen soll. Die satanische Verheißung »ihr werdet sein wie Gott« öffnete dem Menschen die Augen, daß er sich selbst erkannte und anfing, sich an Gott zu messen. Ihr werdet sein wie Gott, das heißt: nicht untertan, nicht abhängig, sondern autonom über das Leben selbst bestimmen. Selbst entscheiden über Wert und Unwert. Eigene Gesetze aufstellen. Spitze sein – um jeden Preis. Das ist der ewige Menschheitstraum, das Bild, das ihm vor Augen steht und dem er nacheifert.

Zwar ist das Unterlegenheitsgefühl letztlich Wurzel unserer Kultur und Zivilisation; denn weil der Mensch seine Welt von unten nach oben erlebt, will er instinktiv aufsteigen, höher hinauf, mehr erreichen als bisher, in neue Gebiete vordringen, etwas Noch-nie-Dagewesenes schaffen. Dieser Drang wiederum ist ihm schöpfungsgemäß mitgegeben: »Machet euch die Erde untertan!« Aber diese Aufforderung wurde mißbraucht, wie wir in der Versuchungsgeschichte und dem darauf folgenden Fall sehen. Denn der Mensch wollte sich selbst nicht als Kreatur bejahen. Er wollte mehr sein. Und dieses Unterlegenheitsgefühl gipfelte schließlich in dem Wunsch, sein zu wollen wie Gott. Keine Autorität über sich dulden. Selbst entscheiden, was gut und böse ist – bis hin zu Abtreibung und Euthanasie. Der Mensch wollte sein eigener Maßstab sein. Er wollte Herr sein über Leben und Tod. Er wollte selbst den neuen Menschen schaffen.

So ist das Bild, das Satan dem Menschen vorgehalten hat, eine raffinierte Täuschung. Der Mensch wird nicht dadurch, daß er nach dem greift, was ihm vor Augen steht, zum Gott. Auch dann, wenn Hitlers Traum eines Übermenschen durch künstlich gezüchtete Retortenbabys eines Tages Wirklichkeit werden sollte – so wird doch der Mensch nie zum Gott werden. Er wird immer noch das bleiben, was er ist, ein Mensch, aus Erde gemacht, der wieder zur Erde wird.

Es ist dem Menschen in der Tat vieles anvertraut. Die ganze Erde mit all ihren Möglichkeiten ist ihm unterstellt. Hier ist sein Wirkungsfeld. Hier gilt es zu forschen, aufzubauen. Die Schöpfung ist wie ein Gleichnis, das der Mensch aufschlüsseln soll. Es sind die Bausteine, die er für seine Welt verwenden darf. Das Material, das ihm gegeben ist. Aber in dem allen muß er seine Grenzen sehen. Denn seine Würde liegt in der Demut, Geschöpf zu sein.

Aber gerade dagegen lehnt der Mensch sich auf. Er will mehr sein, als er ist, anders, schöner, klüger, größer oder wie auch immer. Er will aus eigener Kraft die Gottheit erreichen – und kommt zu Fall.

So zeigt der Bericht auf den ersten Seiten des Alten Testamentes die Grundeinstellung des Menschen, der mit sich selbst nicht eins ist.

Die Gleichung von Soll und Ist

Tief im menschlichen Wesen schlummert ein Bild, dem der Mensch entsprechen möchte. Es ist sein Traum-Ich, dem er nachzueifern versucht. Und er entdeckt, daß die Wirklichkeit sich nicht mit seinem Wunschbild deckt. Nun stellt er Forderungen an sich selbst, um diesem überhöhten Selbstbild gerecht zu werden. Und daran scheitert er. Er vergleicht sich selbst mit dem Bild, das er in seinem Innersten trägt, und wenn er erkennt, daß sein Spiegelbild nicht identisch ist mit seinem hohen Ideal, wendet er sich um und meint, ein anderer würde seinem Wunsch-Bild eher entsprechen und seinen unerfüllten Traum mehr verkörpern. So dient der Vergleich letztlich dazu, das eigene Defizit noch größer werden zu lassen. Er wird sich nicht mit jedem x-beliebigen Menschen messen, sondern nur mit demjenigen, der seinem Traum-Bild am nächsten steht.

Ich will versuchen, das deutlich zu machen: Jemand, der kein Interesse daran hat, einen hohen Posten im Parlament zu erhalten, wird ohne innere Beteiligung den Aufstieg des Herrn X. zur Kenntnis nehmen. Wenn es aber von jeher sein geheimer Wunsch war, selbst diesen Posten zu übernehmen, so wird er entweder sich resigniert geschlagen geben oder anfangen, aller Welt zu beweisen, daß er fähiger ist und daher diesen Posten eher verdient hätte. Er wird also versuchen, das vorhandene Defizit auszugleichen, entweder, indem er sich bestraft und sich noch geringer macht, oder den Rivalen entthront und sich selbst zu erhöhter Leistung anspornt.

Im allgemeinen erwacht das Minderwertigkeitsgefühl durch das Sichvergleichen mit einem anderen Menschen, der das verkörpert, was ich gerne erreicht hätte oder gewesen wäre. Diese Rivalität wächst mit der Nähe, d. h. die Rivalität nimmt mit zunehmender Entfernung ab. Je größer also die räumliche Distanz ist, desto weniger wird ein anderer als Konkurrenz empfunden. Die Rivalität spielt sich in einer begrenzten eigenen Welt ab.

Nun ist aber ein Minderwertigkeitsgefühl nicht unbedingt von einem Rivalen, einem Menschen, abhängig. Auch unabhängig von einem Konkurrenten kann ein Minderwertigkeitsgefühl aufkommen.

Eines Tages kam ein junger Mann in meine Praxis, der alle Examina mit Auszeichnung hinter sich gebracht hatte und überall durch sein Wissen und seine Persönlichkeit herausragte. Er berichtete, daß er von zu Hause nie zu erhöhter Leistung angespornt worden sei. Seine Eltern waren differenzierte, vernünftige Menschen, die selbst eine besondere Position innehatten und sehr natürlich lebten in ihrer Beziehung zueinander und zu anderen. Dieser junge Mann war auch nicht bestrebt, seinen Eltern nachzueifern. Er ließ sie durchaus stehen und bejahte sie. Dennoch plagte ihn dieses Gefühl, minderwertig zu sein. Denn tief in seinem Wesen schlummerte ein Bild, das ihn bedrängte.

Nun ist dieses innere Spiegelbild ohne feste Konturen, eher wie ein Dunst, auch kann es sich im Laufe des Lebens wandeln und eine andere Gestalt annehmen, wie bei der Wandlung von der kindlichen Identität zu der Identität eines Erwachsenen. Dennoch fühlt der Mensch sich von diesem Bild gefordert. Durch das Sichvergleichen, also durch die Gegenüberstellung von Ist und Soll, wird ihm das Defizit bewußt. Wenn nun der Mensch zu der Feststellung kommt, daß er die Ideale, die ihm vorschweben, nicht erreichen kann, ist er in seinem Stolz gekränkt und reagiert mit einem Minderwertigkeitsgefühl.

Und so entsteht der Teufelskreis (s. Abbildung).

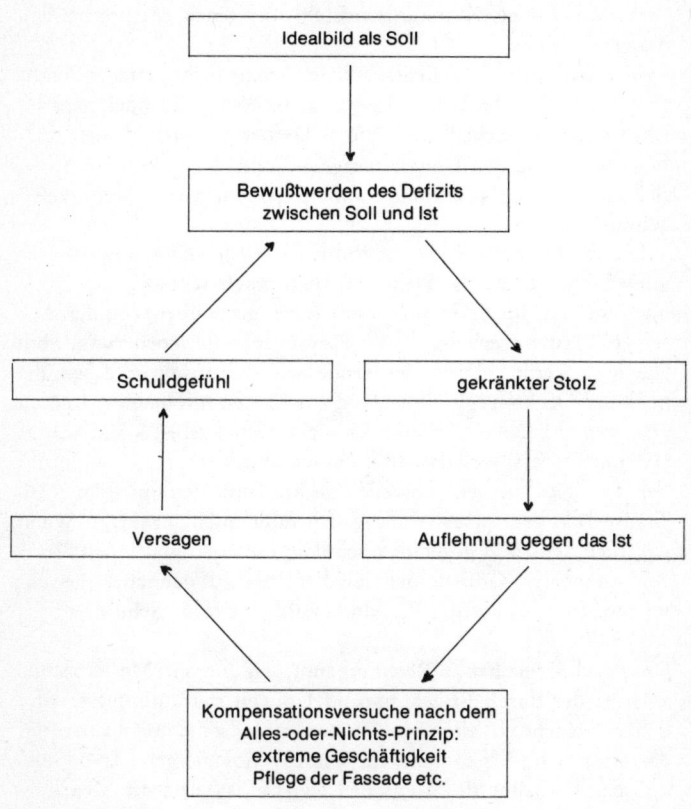

Der gekränkte Stolz oder das schlechte Gewissen

Es gibt einen kreatürlichen Stolz, der dem Menschen angeboren ist. Jede Kränkung setzt voraus, daß etwas in uns ist, das gekränkt werden kann. Dieses »Etwas« gehört zur Würde des Menschen. So gibt es einen gesunden Stolz, aber auch einen irrationalen oder überhöhten Stolz, der das Unterlegensein – in welcher Beziehung auch immer – als Kränkung versteht und einen entsprechenden Ausgleich sucht.

Weil der Mensch das entstandene Defizit nicht ertragen kann, reagiert er mit überhöhter Leistung, sei es positiv oder negativ. Aber erfahrungsgemäß kann dieses Defizit nie ausgeglichen werden. So bleibt das Defizit bestehen, und der gekränkte Stolz, der keinen Ausgleich findet, äußert sich im Minderwertigkeitsgefühl.

Dieses Minderwertigkeitsgefühl ist eine andere Form des schlechten Gewissens. Denn ich fühle mich schuldig. Ich fühle mich meinem Ideal, das ich in mir trage, gegenüber schuldig. Mit seiner Existenz erhebt dieses Pseudo-Ich die Forderung, ihm gleich zu werden. Diese Forderung nehme ich wahr und bemühe mich um Deckungsgleichheit, um zur Einheit mit meinem Bild zu gelangen. Aber weil ich ihm das nicht zurückgeben kann, was es von mir fordert, weil das Bild, das ich in mir trage, sich nicht mit der Realität, die ich darstelle, deckt, fühle ich mich meinem Traum-Bild gegenüber schuldig. Ich fühle mich angeklagt. Wenn ich mich dem Bild gegenüber schuldig fühle, so mache ich dieses Bild zu meinem Götzen, dem ich diene und auf den ich ausgerichtet bin. So wird aus der Pseudo-Schuld eine echte Schuld.

Die Psychologie hat zu Recht erkannt, daß hier ein Mechanismus abläuft, der durch Erziehung und Umwelt mitbestimmt wurde; daher versucht sie, die übernommenen Maßstäbe abzubauen, um das eigentliche Ich freizulegen. Die Psychologie geht davon aus, daß das Verhalten des Menschen wertfrei ist, und der Mensch – losgelöst von seinem Ursprung – niemandem Verantwortung schuldet. Die Bindung an Gott wird gleichgesetzt mit einer korrekturbedürftigen Erziehung.

Dieser Gedanke wurde nur zu bereitwillig aufgenommen und zum Lehrprogramm erhoben, mit dessen Hilfe die ganze Gesellschaft »entmythologisiert« werden soll. So ist die Tendenz heute, kein Ideal zu haben, um nicht das Defizit durchstehen zu müssen. Wenn ich kein Ideal habe, gibt es auch nichts, für das ich mich anstrengen oder Verzicht üben muß: also brauche ich dann auch nicht an dem Defizit zu leiden. Und wenn keine Spannung zwischen Ideal und Wirklichkeit besteht, empfinde ich auch keine Schuld. Und wenn ich keine Schuld empfinde, brauche ich kein schlechtes Gewissen zu haben. Die katastrophalen Auswirkungen einer schuldneutralen Erziehung aber werden sich erst noch in den kommenden Jahren zeigen.

Schuld und Sühne

Das Minderwertigkeitsgefühl basiert auf dem Prinzip des Gleichgewichts, oder mit anderen Worten: auf dem Prinzip Schuld und Sühne.

Das Prinzip Schuld und Sühne kann als eine Grundform der zwischenmenschlichen Beziehung angesehen werden. Schon in den ersten Seiten des Alten Testamentes wird dieses Prinzip im Gesetz verankert: Auge um Auge, Zahn um Zahn . . . (2. Mose 21, 24 ff.). Hier geht es um den Ausgleich eines erlittenen physischen Schadens. Dahinter aber steckt das moralische Prinzip, daß jede Schuld eine gerechte Sühne erfährt. Das ist ein kreatürliches Gesetz, das jeder Mensch in sich trägt.

Schon ein kleines Kind setzt sich zur Wehr und fordert lautstark sein vermeintliches Recht. In diesem Kind ist also bereits ein Wahrnehmungsvermögen vorhanden von Recht und Unrecht. Zwar ist dieses Empfinden noch nicht so differenziert ausgeprägt, aber doch vorhanden. In der Regel wird es ein Unrecht, das ihm geschehen ist, nicht ohne weiteres hinnehmen. Es wird beispielsweise das Spielzeug, das man ihm weggenommen hat, zurückfordern oder sich rächen, um innerlich wieder ins Gleichgewicht zu kommen. Tut es das nicht, so ist dieses Kind bereits seelisch gestört. Aus Angst vor Strafe verzichtet es auf sein Recht. Aber dieser Verzicht löst in ihm Aggression aus, die – da sie nicht nach außen sichtbar werden darf – in Bitterkeit umschlägt und insgeheim auf Rache sinnt.

Aber auch umgekehrt: wenn das Kind einen Schaden angerichtet hat, so wird es versuchen, das Unrecht, das es begangen hat, wieder gutzumachen; oder – wenn es das nicht kann – fängt es an zu weinen, sei es aus Angst vor Strafe, sei es aus Enttäuschung über sich selbst.

Schuld ist nicht nur etwas Subjektives, das manipuliert werden kann. Warum werden denn selbst die Menschen, die unter einer wertneutralen Erziehung aufgewachsen sind, psychisch auffällig? Obschon sie doch gelehrt worden sind, daß das Gewissen nichts anderes als eine pädagogische Fehlsteuerung darstellt, versuchen viele, durch psychologische Kunstgriffe diesen moralischen Appendix in kostspieligen Psycho-Sitzungen loszuwerden.

Das Gewissen ist das Gesetz in uns, durch das Schuld als Schuld wahrgenommen werden kann. Nun gibt es auch eine Gesetzlosigkeit, die aber führt zu Anarchismus und endet im totalen Chaos. Gesetzlosigkeit ist eine äußerste Verzerrung des Menschseins, es ist das satanische Spiegelbild, bei dem Zerstörung letzte Konsequenz ist. Aber das ist Perversion in höchstem Maße. Normalerweise kann ich über eine Schuld nicht ohne weiteres hinweggehen, als gäbe es sie nicht. Sie ist als Faktum da, und wir müssen uns daher mit ihr auseinandersetzen, denn wir leben unter dem Gesetz, d. h. wir sind dem Gesetz unterstellt.

Das Gesetz ist eine Verhaltensregel, die mit Leistung zu tun hat. Es gibt ein Grundgesetz, das die primären Bedürfnisse des Menschen schützt, es ist also zu meinem Schutz gegeben. Darüber hinaus gibt es unzählige Zusatz-Gesetze, die unser Leben regeln und von Volk zu Volk unterschiedlich sind, also abhängig sind von einer Kultur. Wenn das Gesetz, das uns bekannt ist, nicht erfüllt wird, stellt sich ein Schuldbewußtsein ein. Da dieses Schuldbewußtsein sehr quälend sein kann, ist der Mensch bemüht, dem Gesetz zu entsprechen. Geschieht das nicht, muß er mit einer angemessenen Strafe rechnen. Eine Übertretung des Gesetzes hat eine Bestrafung zur Folge.

Ein Vergehen fordert Bestrafung, Schuld fordert Sühne. Das gilt in moralischer Hinsicht wie auch in wirtschaftlicher. Will man etwas erwerben, muß man eine angemessene Gegenleistung erbringen. Das ist ein kaufmännisches Prinzip, das auch in der zwischenmenschlichen Beziehung Gültigkeit hat.

Wenn ich ein Geschenk bekomme, überlege ich zugleich, wie ich dieses Geschenk beantworten kann. Dieser Gedanke ist in meiner Heimat Japan besonders stark ausgeprägt. Jedes Geschenk erfordert eine Gegenleistung. Es ist undenkbar, ein Geschenk anzunehmen, ohne seinen Dank in angemessener Weise zum Ausdruck zu bringen, d. h. ohne etwas Gleichwertiges zurückzuschenken.

Der Gedanke, einem andern etwas schuldig geblieben zu sein, ist nur sehr schwer zu ertragen. Das läßt unser Stolz nicht zu. Dieses Ausgleichsprinzip aber habe ich auch im Westen gesehen.

Wenn Ihnen jemand ein Geschenk im Wert von 10,– DM überreicht, so werden Sie es vermutlich ohne inneren Widerstand annehmen, denn Sie fühlen sich in der Lage, mit einem entsprechenden Gegenwert zu antworten. Vielleicht sogar wählen Sie ein Gegengeschenk im Wert von 20,– DM, um Ihre Überlegenheit zu demonstrieren. Dieses Prinzip können wir häufig in der gesellschaftlichen Umgangsform beobachten.

Aber wie sieht es aus, wenn Ihnen jemand ein Geschenk von 40 000,– DM überreicht, und dieser Jemand ist nicht eine anonyme Institution, sondern eine Person? Unwillkürlich werden Sie mißtrauisch. Sie haben Angst, sich an diesen Menschen zu verkaufen. Sie fühlen sich ihm gegenüber nicht mehr frei, weil Sie keinen entsprechenden Ausgleich haben. Dieses Ungleichgewicht gibt Ihnen keine Ruhe.

Aber nicht nur in materieller Hinsicht gilt das Prinzip des Ausgleichs, sondern auch in ethischer Beziehung. Eine Beleidigung können wir nicht schweigend einstecken. Wenn wir nicht mit gleicher Münze zurückzahlen, bohrt diese Verletzung und drängt auf Entschädigung – in irgendeiner Form. Und wenn die Entschädigung nur so aussieht, daß wir uns verteidigen und den andern zur Rede stellen, oder – wenn wir ihm kräftemäßig unterlegen sind oder nicht so wortgewandt wie er – uns bei unsern Freunden über ihn beklagen, ihn schlecht machen, oder – wenn wir es fertig bringen zu schweigen: uns dadurch zum Märtyrer erheben oder zum Heiligen, um ihm überlegen zu sein. Auf jeden Fall suchen wir eine Genugtuung für das erlittene Unrecht oder die erfahrene Erniedrigung.

Nun, jeder hat im Laufe der Jahre seinen eigenen Mechanismus herausgearbeitet, der jedoch stets Sühne fordert oder darstellt.

Fassen wir noch einmal zusammen:

Unser Verhalten wird von unserem Stolz bestimmt, der das Gleichgewicht herstellt zwischen dem Soll und dem Ist. Wenn eine vorhandene Differenz zwischen Soll und Ist nicht ausgeglichen werden kann, fühlt man sich schuldig, in diesem Fall seinem eigenen Spiegel-Ich gegenüber. Da man diese Schuld nicht einfach akzeptieren kann, will man sühnen, also mit Leistung bezahlen. So wird der Leistungsdrang ein Versuch, Schuld zu sühnen. Diese Ausgleichsbemühungen sind eine Form der Wiedergutmachung, die aber nicht zur Lösung führt. Denn trotz aller Anstrengung wird das Defizit nicht ausgeglichen. Der Mensch bleibt ein Schuldner und registriert diese Schuld mit dem Schuldgefühl. Das Soll wird durch das Gesetz vertreten, dem ich mich verpflichtet weiß.

Die Rückführung

a) Die Vorbereitung

Es menschelt

Wenn man davon spricht, daß es irgendwo menschlich zugeht, so schwingt darin zugleich die Vorstellung von Unvollkommenheit mit. Diese Unvollkommenheit gilt es zu bejahen. Trotz aller Anstrengung können wir nie etwas anderes aus uns machen als Menschen. Wir können unser Verhalten ändern, aber auch der ethisch oder moralisch höchststehende Mensch bleibt doch immer noch ein Mensch, also ein unvollkommenes Wesen, das nicht aus eigener Kraft zu seinem Ur-Ich findet, weil die Schuld wie eine Kluft ihn daran hindert. Alle Versuche, diese Kluft zu überbrükken, müssen scheitern, weil die Fähigkeit des Menschen einfach nicht ausreicht.

Innerhalb der menschlichen Rasse gibt es gewisse Unterschiede in Farbe und Größe und Kraft, in Herkunft oder Zielsetzung – aber das Material, aus dem der Mensch geschaffen wurde, ist dasselbe.

Der Mensch soll etwas darstellen. Er ist einem Kunstwerk vergleichbar. Das Kunstwerk, das er darstellen soll, ist aber noch nicht fertig, noch nicht abgeschlossen. Es ist wie ein Fragment, das zwar gewisse Züge schon erkennen läßt, aber noch nicht vollendet ist. So ist die Unvollkommenheit oder das Unvollendetsein allen gemeinsam.

Wenn ich nun solch ein unfertiges Kunstwerk betrachte, weiß ich noch wenig von dem, was es am Ende einmal darstellen soll. Nun kann ich es verwerfen, abtun, aber das zeigt nur, daß ich nichts davon verstehe. Wenn ich ein Kunstwerk verwerfe und als untauglich bezeichne, so verwerfe ich damit zugleich die Fähigkeit des Meisters, der dieses Werk geschaffen hat.

Ein Meister kann verschiedene Gegenstände herstellen mit den unterschiedlichsten Gestalten. Je nach dem Zweck, dem sie dienen sollen. Ob sie für den täglichen Gebrauch nutzbringend sein sollen oder als Schmuckstück aufgestellt werden – je nachdem, welch ein

Sinn in sie hineingelegt wurde –, sind sie unterschiedlich. Wir können ein Messer nicht mit einem Gemälde vergleichen. Aber beides hat seinen Sinn und seine Bedeutung.

Betrachten wir den Reichtum in der Natur, die Verschiedenartigkeit der Pflanzen! Welch eine Vielfalt an Farben und Formen. Eine Rose ist kein Gänseblümchen, eine Maus kein Elefant, ein Spatz kein Adler. Wie töricht wäre es, würde die Maus sich mit dem Elefanten vergleichen und vor lauter Minderwertigkeitsgefühlen aufhören wollen, eine Maus zu sein.

So können auch wir uns nicht mit dem andern vergleichen. Zwar gehören wir zur Gattung Mensch, aber wir können uns nicht gegeneinander abwägen. Der eine ist nicht mehr und der andere nicht weniger. Er ist anders. Er hat eine andere Funktion, eine andere Aufgabe. Geschaffen für einen ganz bestimmten Zweck. So gleicht kein Tier dem andern, keine Pflanze der andern, ja, nicht einmal ein Grashalm dem andern. Selbst das winzigste Sandkorn hat eine andere Prägung und unterscheidet sich von dem andern. Dieser Unterschied ist nicht einmal mit dem bloßen Auge wahrnehmbar, und doch ist es vorhanden und wird unter dem Mikroskop deutlich.

Wieviel mehr gilt das für den Menschen!

Die unvorstellbare Vielfalt innerhalb der Schöpfung muß uns bewußt werden und der Ideenreichtum des Schöpfers zur Bewunderung bringen.

Ich bin ein Original. Keine Kopie. Meine Träume und Sehnsüchte, meine Vergangenheit und Gegenwart – all das Erlebte und das, was ist, bildet dieses Ich, das einmalig ist und nie wiederkehren wird, solange die Erde besteht.

Welch eine Kräfteverschwendung, wenn wir ein Leben lang uns abmühen, etwas zu sein, das wir unserer Veranlagung nach nicht sein sollen und daher auch nicht sein können, weil uns die Voraussetzungen dazu fehlen! Und weil wir unsere Kraft an ein Fehlziel verschwenden, versäumen wir, uns dort einzubringen, wo wir gebraucht werden, an unserem Platz, den niemand sonst ausfüllen kann, an diesem unserem Platz, der uns zugewiesen ist.

Aber das ist unser Hauptproblem, daß wir nicht wissen, wer oder was wir sind, wozu wir da sind und wo unser Platz ist!

Das Spiegelbild

Gott schuf den Menschen nach seinem Bild, so lesen wir bereits im ersten Kapitel der Bibel, und dieser Gedanke wird in der ganzen Bibel wieder und wieder unterstrichen.

Ich trage also sein Spiegelbild in mir. Und sein Atem ist es, der mich belebt, mir Impulse gibt und mir zugleich Unsterblichkeit verleiht. Durch diesen Atem Gottes wird der Mensch zu einem ICH.

Der Atem Gottes, von dem uns die Bibel berichtet, ist nun naturwissenschaftlich nicht analysierbar, aber deshalb nicht weniger real. Was ist dieser Atem Gottes? Er ist Zeichen des Lebens, das sich fortsetzt und zu neuem Tun befähigt. Der Atem Gottes macht uns nicht zum Gott, auch nicht zu Halbgöttern. Aber er zeugt von der innigsten Verbundenheit. Er ist das Zeichen seiner Gegenwart, das göttliche Moment in uns. Bei der Erschaffung des Menschen investierte Gott gleichsam sich selbst. So tragen wir seine Spuren an unserem Leibe. Und damit ist der Mensch unendlich mehr als ein hochentwickeltes Säugetier. Er ist kein Zufallsprodukt, dessen Chromosomen in zufälliger Zusammensetzung sein Leben ergeben.

Hinter dem Menschen steht die Absicht Gottes. Daher kann der Mensch nicht zu einem rationellen Wesen umstrukturiert werden. Wenn man versucht, ihn auf naturwissenschaftlicher Ebene anzusprechen, so sucht er einen Ausgleich in der Parapsychologie, der Astrologie, Magie oder den ostasiatischen Weisheitsreligionen. Denn in ihm lebt noch immer ein Ahnen, daß sein Ursprung auf eine andere Bestimmung hindeutet. Dieses Ahnen ist einem Kompaß vergleichbar, dessen Nadel solange vibriert, bis sie in die Richtung weist, die ihr gegeben wurde. Und obgleich stets versucht wird, diese innere Kompaßnadel durch Scheinziele zu irritieren, läßt sie sich doch nicht auf die Dauer täuschen, denn das Ziel, auf das sie von Gott eingestellt ist, hat größere Kraft.

So weit der Mensch auch abgefallen sein mag von seinem ursprünglichen Ideal, lebt doch ein Sehnen in ihm, diesem Bild wieder zu entsprechen. Es ist ein Drängen in ihm vorhanden, zu seinem Ursprung wieder zurückzukehren.

Der Mensch ist von Gott zum Gegenüber erschaffen, als Partner Gottes. Losgelöst von Gott und isoliert von ihm kann er seine Funktion nicht ausüben. So wird sein Dasein sinnlos und damit zur Qual.

»Das größte Problem des modernen Menschen«, sagt Frankl, »ist nicht mehr die Unterdrückung seines natürlichen Strebens nach Lust, insbesondere nach geschlechtlicher Lust, wie z. Zt. Freuds; in unserer freisinnigen, wissenschaftsorientierten, skeptischen und fatalistischen Wohlstandsgesellschaft leidet der Mensch unter der Verdrängung eines anderen natürlichen Dranges – seines Strebens nach einem Lebenssinn . . .«

Der Sinn seiner Existenz ist ihm verborgen. Ihn aber gilt es wiederzuentdecken, denn eher kann es für den Menschen kein Glücklichwerden geben.

Um es zu verdeutlichen, nehmen wir ein beliebiges Beispiel: Eine Brille wird hergestellt, um einen Sehfehler zu korrigieren. Sie ist kein Schmuckstück, sondern ein Gebrauchsgegenstand, der einen ganz bestimmten Sinn erfüllen soll. Wenn ich die Brille nicht benutze, so hilft das meinen Augen nichts. Sie ist für mich wertlos.

Natürlich sind wir Menschen kein Gegenstand, aber auch wir haben eine ganz bestimmte Funktion. Nun kann ich die Brille als Schmuckstück in mein Zimmer hängen – aber wir spüren, daß solch eine Brille ihren eigentlichen Sinn verfehlt. Das Prinzip bei dem Menschen ist ähnlich. Auch der Mensch ist nicht einfach da. Er kam nicht zufällig in diese Welt hinein. Er ist aus einem ganz bestimmten Grund da.

Wenn dieser Grund nicht erkannt wird, so ist das Ziel seines Lebens verborgen. Solange der Mensch aber kein Ziel hat, ist er unglücklich. Denn dieses Ziel zu erfüllen, bedeutet für ihn höchstes Glück.

Da der Mensch sein eigentliches Ziel nicht kennt, läuft er Scheinzielen nach, die – je näher er ihnen kommt – ihn nur weiter von seinem eigentlichen Ziel weglocken. Noch immer spürt er ein Drängen in sich, dem er instinktiv nachgibt. So unternimmt er dieses und jenes und flieht von einer vordergründigen Aktivität in die andere. Er läßt sich mit lautem Getöse den ganzen Tag berieseln, er schluckt Pillen, um seine Unlust zu unterdrücken, und flieht in den Rausch, um das Glück zu imitieren, nach dem er sich sehnt. Er hastet von einem Vergnügen zum andern und übersättigt sich an der Vielzahl von Informationen durch die Massenmedien. Er sucht hier und dort, aber es gibt nichts Neues mehr für ihn. Er hat alles durchprobiert, doch nur, um gelangweilt sich wieder davon abzuwenden, noch immer auf der Suche nach einem Ziel, das er nicht kennt, nur von ferne ahnt. In all seinem Vergnügungsrausch bleibt der Mensch ein Gefangener, gefangen von seinem Streben, über sich selbst hinauszugelangen.

Es ist dem Menschen ein Ziel und damit eine Grenze gesetzt. Und wer meint, in grenzenloser Freiheit das Leben genießen zu können, der muß bald feststellen, daß dieser vermeintliche Genuß ihn anwidert und leer und krank zurückläßt. Sprache und Musik der heutigen Zeit sind wie ein Symptom, das auf eine tödliche Krankheit hinweist. All die aufwieglerischen Schlagworte vermögen doch nicht, dem Menschen Erfüllung zu geben. Die Ideologien, denen er heute noch huldigt, werden schon morgen wieder durch neue ersetzt. Die Superlative in Kriminalität und psychischer Verwahrlosung zeugen nur von der Tiefe der Verirrung. So richtet sich der Mensch an seinem Traum von Glück nur selbst zu Grunde. Denn das Bild, das dem Menschen als Schein-Ziel vor Augen gestellt wird, ist nichts als eine böse Verzerrung seiner selbst, und das Mittel, das er wählt, um zu seinem Ur-Bild zurückzukommen, hilft ihm nicht weiter, und der Weg, den er betritt, führt ihn nur tiefer in seine Verstrickung, noch tiefer in seine Verlorenheit hinein. So entfernt sich der Mensch, je mehr er sich abmüht. Und die Versuchungsgeschichte wiederholt sich immer wieder aufs neue.

Der Fall des Menschen besteht darin, daß er die Frucht, die Gott ihm in seiner Weisheit vorenthalten hat, selbst ergreift, um sie an sich zu reißen, und seine Bestimmung, die ihm von Gott als Geschenk zugedacht war, in eigener Regie zu verwirklichen sucht. Er greift nach dem Baum und stellt fest, daß er aus dem Paradies seiner Träume vertrieben ist. Da wird das Bild zum Trug-Bild, das Ziel zum Schein-Ziel und der Weg zum Irr-Weg. Und so wird der Mensch schuldig vor Gott. In dieser Sackgasse, in der er sich nun befindet, ist er unweigerlich dem Tod ausgeliefert; denn aus eigener Kraft findet er den Weg nicht mehr zurück. Die Kluft, die ihn von seinem Ur-Ich trennt, ist für ihn unüberbrückbar geworden. Nun kommt Jesus und sagt von sich: »Ich bin der Weg, der euch zu eurem Ursprung zurückbringt!« In Jesus Christus hält Gott dem Menschen einen Spiegel entgegen und sagt: Diesem Bild sollt ihr entsprechen. So sollt ihr sein! Denn dazu seid ihr erschaffen!

Schuld und Vergebung

Wir haben bis jetzt die Möglichkeiten aufgezählt, die der Mensch unternommen hat, um den Abstand zu dem gottähnlichen Bild aus eigener Kraft geringer werden zu lassen, und haben festgestellt, daß er diesen Abstand nie aufzuholen vermag und somit immer Schuldner bleiben muß. Diese Schuld kann nicht einfach wegdiskutiert oder durch kosmetische Tricks wegoperiert werden, sie ist die tödliche Kluft, die den Menschen von Gott trennt. In dieser Verlorenheit hat Gott der Menschheit eine Liebeserklärung gemacht. Nicht auf Grund einer Leistung oder einer besonderen Fähigkeit, sondern aus Liebe, also auf Grund seines Wesens. Darum hat Gott selbst die Konsequenz menschlicher Schuld auf sich genommen. So wurde Jesus durch sein stellvertretendes Sterben der einzige Weg, der den Menschen zu seinem Ursprung wieder zurückführen konnte. Wenn wir einem andern vergeben, setzen auch wir keine Leistung voraus und stellen keine Bedingung. Aber wir vergeben ihm nicht, weil wir liebefähig sind, sondern weil wir geliebt sind, also auf Grund der Gottesliebe. Es ist die Kettenreaktion der göttlichen Liebe. Diese Haltung kann schon von einem Kind eingenommen werden.

Mit großer Geduld und Hingabe hatte unser damals achtjähriger Sohn eine Mini-Stadt aufgebaut mit einer Eisenbahn, einem komplizierten Straßensystem und vielen selbstgebastelten Häusern aus aller Welt. Er freute sich an seinem gelungenen Werk und hütete es ängstlich. In der Tat hatte er Stunde um Stunde, Tag um Tag, Woche um Woche daran gearbeitet. Nun hatten wir damals einen kleinen, niedlichen Hund, an dem unser Michael mit großer Liebe hing. Eines Tages drang dieser Hund in einem unbewachten Augenblick in das Zimmer unseres Sohnes und richtete eine große Verwüstung an. Ich sehe noch heute die Verzweiflung unseres Sohnes, als er sein Zimmer betrat. Unter bitterstem Weinen zählte er alle nur denkbaren Strafen auf, die er dem Hund zugedacht hatte. Schließlich fingen wir an, gemeinsam den angestifteten Schaden wieder gutzumachen und nach und nach kehrte die alte Liebe zu dem Hund zurück, und Michael überlegte, daß ja eigentlich der kleine Tollpatsch nicht verantwortlich gemacht werden konnte. Als dann der kleine Hund an Michael hochsprang, um ihn zu begrüßen, meinte er: »Papa, ich verzeihe ihm. Er hat es ja nicht extra getan.«

Nun war die Schuld des Hundes keine moralische Schuld, sondern eher einer kleinen Naturkatastophe vergleichbar. Der Mensch aber ist voll verantwortlich für seine Schuld. Aber desto schwerwiegender und zugleich verpflichtender ist auch die Vergebung.

Um Vergebung zu gewähren, muß ich lieben können. Vergebung zu empfangen setzt Demut voraus. Demut bedeutet, daß man die Spannung, im Ungleichgewicht zu sein, aushält. Demut bedeutet nicht, sich selbst vor andern herabzusetzen und alles, was man selbst erreicht hat, als nichts hinzustellen, sondern Demut äußert sich darin, daß man sich beschenken läßt; denn die Tragweite unserer Schuld ist so groß, daß wir sie niemals ausmessen können.

So ist die Vergebung ein Geschenk der Liebe. Wenn ich mich geliebt weiß, dann brauche ich mich nicht selbst zu hassen; denn die Vergebung ist zugleich Zeichen des Angenommenseins. Wenn ich mich aber angenommen weiß, dann brauche ich mich nicht selbst abzulehnen. Oder wollen wir selbst sühnen, was wir niemals sühnen können? Und doch begegnen mir immer wieder Christen, die das Angenommensein von Gott bezahlen wollen, als wollten sie ihre Schuld in Raten zurückzahlen durch vermehrte Leistung. Eine materielle Schuld kann durch eine Leistung ausgeglichen werden, aber eine ideelle oder moralische Schuld nicht.

b) Die Voraussetzung

Selbstannahme

Was aber bedeutet nun diese Selbstannahme, die aus dem Angenommensein resultiert?

Selbstannahme hat nicht einen höheren Lebensstandard zur Voraussetzung oder eine besondere Leistung. Selbstannahme geschieht in der jeweiligen Situation, in der ich mich gerade befinde, d. h. also in der eigenen Unvollkommenheit.

Wenn ich mich in meiner Unvollkommenheit annehme, sage ich ein grundsätzliches Ja zu meinem Menschsein. Und zugleich bekenne ich mich zu meinen Grenzen, die zu diesem meinem Menschsein gehören.

Es ist nicht leicht, seine eigenen Grenzen zu akzeptieren. Aber zur Selbstannahme gehört die Aufrichtigkeit. Vermutlich kennen Sie die Anekdote jener Bäuerin, die eines Abends noch spät den Pfarrer aufsuchte, um ihn zu sprechen. Nach einigem Zögern brachte sie stotternd ihr Problem hervor: »Herr Pfarrer, ich bin ein so schlechter Mensch . . .« Der Pfarrer blickte sie an und bestätigte dann: »Ja, davon habe ich schon gehört!« Empört fuhr die Bäuerin hoch: »Wer hat das gesagt?« Sie war sofort bereit, sich wie ein Tiger auf ihr Opfer zu stürzen, um ihren Ruf zu rächen. Ihr Stolz war verletzt. Das Bild, das sie vor anderen gerne abgegeben hätte, hatte einen Sprung erhalten.

Wir müssen den Mut haben, auch zu unseren Fehlern zu stehen und uns zu dem zu bekennen, was nicht gut war in unserem Leben. Das heißt nicht, daß wir mit dem Bekenntnis unserer Schuld überall herumlaufen und die Schuld als Aushängeschild benutzen sollen. Aber wir sollen auch nicht krampfhaft bemüht sein, ein Wunschbild von uns aufrechtzuerhalten.

»Wir sind alle miteinander Sünder«, sagt Paulus, »keiner von uns hat die Vollkommenheit erreicht!«

Es kann unter Umständen sehr schmerzhaft sein, das eigene Versagen eingestehen zu müssen. Aber das Bekenntnis zu sich selbst ist zugleich der Schlüssel zur Selbstfindung. Darum müssen wir unsere Grenzen kennenlernen und zugeben. Besonders schwer ist das für diejenigen, die über Jahre hin krampfhaft ihr gutes Selbstbildnis verteidigt haben. Aber wir müssen es lernen, uns in unserer Unterlegenheit anzunehmen, in unserer Niederlage, unserer Unzulänglichkeit und unserer Schuld.

Ich bin zu dumm

Volker kam schon seit einiger Zeit regelmäßig in meine Sprechstunde. Er litt unter massiven Minderwertigkeitsgefühlen, aber er wollte es nicht zugeben. Mit verzweifelter Anstrengung wollte er beweisen, daß er jemand sei. Irgendwo gelang es ihm auch; aber er spürte zugleich eine innere Diskrepanz. Und dann endlich gestand er: »Ich habe mein Leben lang Angst gehabt, daß ich für einen Beruf zu dumm sein könnte. Aus Angst, mich zu verletzen, habe ich das Wort ›dumm‹ nie in meinen Mund genommen. Ich hatte Angst, mich selbst dadurch zu verraten. Oft befiel mich eine panische Angst, ein anderer könnte es merken.«

Es war wie ein Bekenntnis, das Eingeständnis seiner Grenze. Aber mit diesem Eingeständnis setzte auch zugleich der Heilungsprozeß ein. Erst jetzt konnte er seine eigentliche Begabung besser bestimmen und seinen Standort einkreisen. Anstatt in der Angst und Selbstverteidigung zu leben, konnte er jetzt seine Kraft einsetzen, um an den vorhandenen Fähigkeiten zu arbeiten. Es galt jetzt nicht zu überlegen, was hätte sein können, wenn . . . oder: was geworden wäre, wenn nicht . . .

Man muß zu dem stehen, was man ist oder auch nicht ist. Diese realistische Selbsteinschätzung ist wichtig. Erst dann kann ich werden, der ich sein soll.

Jeder hat irgendwo seinen ganz speziellen wunden Punkt, sein Problem, an das möglichst niemand rühren darf, das sorgfältig gehütet wird. Aber wenn ich dazu stehe, mein Urteil praktisch annehme, dann brauche ich keine Angst zu haben, entdeckt zu werden. Dann habe ich nichts mehr zu verlieren. Dann bin ich frei. Dann brauche ich meine Kraft nicht mehr dafür einzusetzen, diesen Punkt zu überspielen; dann kann ich meine Kraft woanders einbringen.

Aber ich muß es auch lernen, mich mit meiner Begabung anzunehmen. Und wenn mir eine Anerkennung oder ein Lob zuteil wird, so weise ich das nicht verwirrt zurück, sondern ich freue mich darüber und sage: »Vielen Dank!«

Sei, wer du bist, und tu, was dran ist

Das klingt so selbstverständlich, und doch liegt darin ein tiefes Geheimnis. Das ist nichts Statisches, daß ich zugleich immer der bleiben werde, der ich zur Zeit bin; denn Leben ist Bewegung, nicht Stillstand. Leben hängt mit Wachsen zusammen. Es schließt somit eine Entwicklung ein.

Sei, wer du bist – das bedeutet Aufatmen. Ich bin, der ich bin. Nicht in Nachahmung der göttlichen Selbstdarstellung, sondern als Eingeständnis meines Menschseins. Ich bin in der Tat so egoistisch, so geltungsbedürftig, so hinterhältig. Ich habe versagt. Ich habe dies und jenes getan. Ich bin eifersüchtig. Ich bin eine gescheiterte Existenz. Ich bin das Kind eines Trinkers. Ich stehe zu mir und meiner Schuld. Ohne den Versuch einer Selbstrechtfertigung. Ohne Verteidigung. Ich stehe zu dem, was ich getan oder nicht getan habe. Zu dem, was ich aus meinem Leben gemacht oder nicht gemacht habe – wobei das Nicht-getan-haben oft noch schwerer zu ertragen ist, denn diese Spannung zwischen Soll und Haben kann unerträglich werden! Aber ich brauche mich nicht mehr zu verstecken. Ich darf aus meinem Versteck herauskommen. Ich muß nicht mehr auf der Flucht sein; denn der Krieg ist zu Ende.

Über der Vorhalle des Apollotempels zu Delphi ist die Inschrift zu lesen »Erkenne dich selbst«. Um zu sein, wer ich bin, muß ich zunächst also mich selbst erkennen. In der Regel sind wir derart befangen, daß wir uns selbst nicht realistisch sehen können. Entweder sehen wir uns so, wie wir uns gerne sehen möchten, oder so, wie uns andere sehen. Wenn ich sein darf, wer ich bin, dann ist es nicht mehr wichtig, was andere von mir denken oder über mich tuscheln. Wenn sie diese oder jene Anklage gegen mich vorbringen, dann stimme ich ihnen zu, ohne mich zu verteidigen, ohne mich zu entschuldigen. Und wenn sie mich verurteilen, so haben sie damit nur recht. Denn ich bin in der Tat so schlecht – vielleicht sogar noch schlechter!

Der Kirchenvater Augustin hat uns ein Buch hinterlassen, das den Titel trägt: »*Bekenntnisse*«. Auf Grund dieses Buches wissen wir etwas über sein früheres Leben. Ich habe ihn mir manches Mal vorgestellt, wie er in seinen späteren Jahren in seiner Bischofstracht die Kirche betritt. Und während er vor der Menge steht, um zu den Menschen zu sprechen, kommt ein heruntergewirtschafteter Kerl auf ihn zu, tippt ihm mit dem Finger auf die Schulter und gröhlt: »He du, wir beide kennen uns doch!« O ja, Augustin erkennt diesen Gammler sehr wohl. Jetzt kommt der entscheidende Augenblick: Wird er diesen Kerl einfach stehen lassen und erhobenen Hauptes davon schreiten? Natürlich kann er so tun, als sei dieser Herumtreiber ein gemeiner Lügner, der hier eine angesehene Persönlichkeit verleumdet und mit Dreck bewirft. Oder wird er diesen Störenfried abführen lassen, um in aller Ruhe weiter zu predigen?

Ich denke, weder die eine noch die andere Handlungsweise entspricht dem Menschen Augustin, wie er sich uns zu erkennen gegeben hat. Ich könnte mir vielmehr vorstellen, daß Augustin aufhörte zu predigen und diesen verdreckten Kerl ansieht – ohne Anklage, ohne Vorwurf, vielleicht ein bißchen traurig, oder vielleicht blitzt sogar ein heimlicher Humor in seinen Augen: »Ja, du hast recht. Wir kennen uns. Ich war genauso einer wie du. Ich habe all das kennengelernt, was die Welt zu bieten hat – bis ich erkannte, daß ich davon nicht satt werden kann. Daß weder Sex noch Alkohol mir das gaben, wonach ich mich gesehnt habe. Ich war in der Tat der, den du gekannt hast. Aber jetzt bin ich es nicht mehr. Denn ich bin dabei nicht stehengeblieben.«

Augustinus hat seine Lebensgeschichte nicht ängstlich versteckt. Er stand dazu: »Das war mein Irrtum!« Aber dieser Irrtum war nur ein Durchgang. Sein Versagen wurde in sein Leben integriert und hat ihn verwandelt, ihn brauchbar gemacht.

Wenn ich seine Bekenntnisse lese, so habe ich den Eindruck, daß Augustin solch eine Persönlichkeit gewesen sein muß, die nicht ängstlich ihre Vergangenheit hütete, weil sie befürchtete, dadurch an Sympathie zu verlieren! Das Ansehen der Menschen war für sein Verhalten nicht ausschlaggebend. Seine Lebensgeschichte war als Ganzes in seine Persönlichkeit integriert. Und das machte diesen im Grunde genommen so unsicheren Menschen souverän und unerschütterlich; denn er wußte sich von Gott geliebt. Nur dann, wenn unsere Vergangenheit in unser Heute integriert ist, können wir natürlich sein, entspannt und harmonisch. Dann strahlen wir eine wohltuende Sicherheit aus, die nichts mit Rechthaberei zu tun hat, sondern von einer inneren Gelassenheit zeugt, wie Paulus es im Brief an die Römer zum Ausdruck bringt: »Wenn Gott für uns ist, wer kann gegen uns sein?« (Römer 8, 31)

In diese bejahende Haltung müssen wir uns einüben, bis die Selbstannahme ein Bestandteil der eigenen Persönlichkeit geworden ist. Eine Einübung, also eine Übung, aber hat mit dem Handeln zu tun, ist eine Aktion. Darum: Tu, was jetzt dran ist. Auch das klingt so selbstverständlich, und doch scheint nichts so schwer zu sein, wie das Nächstliegende zu tun. Wir sind so häufig mit irgendeinem Fernziel beschäftigt, das all unsere Kräfte in Anspruch nimmt, so daß wir nicht einmal sehen, was unsere gegenwärtige Aufgabe ist!

Aber nicht das Große und Weltbewegende wird von uns erwartet, sondern das Alltägliche. Hier haben wir uns zu bewähren. Wir aber stecken das Ziel oft so weit und stellen dann ganz enttäuscht fest, daß wir versagen. Sind uns die alltäglichen Dinge zu gering, so daß wir sie verachten? Glauben wir uns zu etwas Höherem berufen? Es ist nicht wichtig, daß wir große Zusammenhänge erkennen und bestechende Theorien aufstellen. Viel wichtiger ist, daß wir die Aufgabe, die vor unseren Füßen liegt, sehen und anpacken. Erst dann wird das Tun zur Freude. Dann ist es nicht mehr eine Leistung, die wir erbringen, sondern ein Bedürfnis.

Umdenken – trotz alter Gleise

Minderwertigkeitsgefühle hängen mit unserem Denken zusammen. Ein Wesen, das nicht denkt, weiß auch nichts von einem Minderwertigkeitsgefühl. Und weil der Mensch ein denkendes Wesen ist, wurde er seit jeher von dem Gefühl des Minderwertigseins begleitet. Da ist die nagende Eifersucht, die ihn quält, das Gefühl des Zurückgesetztwerdens, diese gekränkte Eitelkeit, die sich selbst zur Geltung bringen möchte. Und als Folge davon: Tränen. Trennung. Tod.

Wenn unser Denken unser Leben vergiftet, dann wird es Zeit, daß wir unser Denken korrigieren. Das ist nicht leicht; denn ein Denkmuster ist durch jahrelange Gewöhnung tief eingerastet. Und wie all das, was uns vertraut ist, zur Selbstverständlichkeit wird, so läuft auch unser Denken in vertrauten Bahnen. Und aus dem Denken folgt unsere Reaktion, unser Verhalten im Umgang mit anderen Menschen, unsere Reaktion in gewissen Situationen. Ein einmal erlerntes Verhaltensmuster wird in der Regel beibehalten. Wer daher als Kind gelernt hat, auf bestimmte Situationen in einer bestimmten Weise zu reagieren, der wird dieses Schema auch als Erwachsener noch beibehalten.

Ein Beispiel soll das verdeutlichen.

Ich kenne eine Familie, in der es stets zu lautstarken Auseinandersetzungen kam. Gegenstände wurden zu Boden geschleudert, Türen geknallt. Der Unwille tobte sich jedesmal ungehindert aus. Die Kinder, die in dieser Atmosphäre aufwuchsen, hatten ganz selbstverständlich das Verhaltensmuster ihrer Eltern übernommen. Für sie war diese unkontrollierte, undisziplinierte Reaktion natürlich.

Nun gibt es die unterschiedlichsten Reaktionsweisen. Der eine wird tätlich grob, er schreit und tobt, ein anderer schweigt und zieht sich zurück, oder er wird depressiv und flieht in die Krankheit. Wieder ein anderer versucht, durch eine geschickte Selbstverteidigung den Angriff abzuwehren oder schlägt mit doppelter Wucht zurück, um nicht unterlegen zu sein. Sein Selbstwertgefühl ist so angeschlagen, daß er eine beiläufige Bemerkung, eine zufällige Berührung schon als Angriff deutet.

An der Reaktion können wir erkennen, ob ein Mensch sich minderwertig fühlt oder ob er in Harmonie mit sich selbst lebt. Denn unsere Verständigung hängt mit unserem Selbstwertgefühl zusammen.

Zusammenfassend können wir einige Verständigungstypen unterscheiden:

Da ist der Ja-Sager, der zu beschwichtigen sucht aus Angst, einen Konflikt heraufzubeschwören. Sein Verhalten ist eine einzige Werbung um Anerkennung. Er braucht die Zustimmung des andern, daher ist er stets zu Diensten. Seinen Ärger und Unmut schluckt er hinunter und drückt seinen Unwillen unter Umständen in Magengeschwüren und körperlichen Symptomen aus. (Viele Christen gehören zu dieser Kategorie und meinen, auf diese Weise die Bergpredigt richtig zu interpretieren.)

Dann der Ankläger, der nur leben kann, wenn er die anderen unterdrückt. Er muß immer die dominierende Position innehaben. In seiner Verständigung ist er fordernd und aggressiv. Wie wir aber gesehen haben, kann ein tyrannisierendes, herrschsüchtiges Auftreten unter Umständen die Kehrseite der eigenen Selbstunsicherheit sein. Um nicht unterworfen zu werden, will man sich den anderen unterwerfen.

Ich erinnere mich an ein Ehegespräch, bei dem eine ungeheure Spannung spürbar wurde. In dieser Ehe beherrschte die Frau jede Situation. Ihr Mann kam gar nicht zu Wort. So redete sie auch jetzt fast ununterbrochen. Und alles, was sie vorbrachte, war eine einzige Anklage und mündete in der Feststellung: Es geht mir so schlecht! Von diesem Gedanken war sie total beherrscht. Nach einer Weile fragte ich sie: »Wann haben Sie zum letzten Mal Ihren Mann gefragt: Wie geht es dir?« Die Frau sah mich verständnislos an. Zum ersten Mal fand sie keine Worte. Sie schluckte. Dann fragte sie verdutzt: »Wieso?« Diese Frau wäre nie auf die Idee gekommen zu fragen, wie es ihrem Partner geht. Sie forderte nur von ihm, ohne ihn selbst zu sehen.

Ein anderer Typus wäre der Rationalist, der Gefühle als Luxus betrachtet und mit Distanz dem andern begegnet. Aber auch seine Verhaltensweise ist nur eine Tarnkappe, die er sich überstülpt, um unerkannt zu bleiben. Und doch kann solch eine Form, wenn sie stets geübt wird, ein Stück Persönlichkeit werden, wobei das Wesen des Menschen sich mehr und mehr dem Verhalten anpaßt.

Auch der Komödiant spielt seine Rolle innerhalb der Verständigung. Mit großzügiger Geste setzt er sich über alle Argumente hinweg. Er löst einen Konflikt am liebsten dadurch, daß er ihn überspielt.

Als letztes möchte ich noch den Schweiger nennen, der sich seinem Gegner durch Schweigen entzieht und ihn durch sein Schweigen gleichzeitig bekämpft. Schweigen kann sehr beredt sein. Wenn man schweigt, kann es zunächst aus einer Verlegenheit sein. Es fehlen einfach die Worte, man ist »sprachlos«. Wenn man nichts mehr zu sagen weiß, bringt man damit seine Ohnmacht zum Ausdruck. Wenn man aber einen ganzen Tag schweigt oder sogar zwei und drei Tage nicht mehr mit seinem Partner redet, dann wird aus der Ohnmacht eine Macht. An dieser Machtdemonstration prallen alle Verständigungsversuche ab.

Jede Kommunikationsform kann in einer bestimmten Situation angebracht sein. Unter Umständen muß ich beschwichtigen, dann wieder rationalisieren oder auch ablenken und sogar schweigen, bis die erste Erregung sich gelegt hat.

Diese verschiedenen Kommunikationsformen stehen uns wie Grundtöne einer Musik zur Verfügung. Und wir sollen sie benutzen. Nicht starr nach einem Prinzip, sondern wir sollen lernen, damit umzugehen.

Aber nicht nur unser Verhalten erfolgt nach einem bestimmten Muster, das wir von Kind an erlernt haben; auch ein Denkschema wird zunächst übernommen.

Als Inge zu mir kam, hatte ihre Stimme einen weinerlichen, monotonen Klang und spiegelte ihr negatives Denken wider. Ihre Lebensgeschichte war eine einzige Verstrickung negativer Ereignisse. Als Inge fünf Jahre alt war, verunglückte ihr Vater, und ihre Mutter stand plötzlich mit sechs Kindern allein. Von dem Tag an nahm die familiäre Katastrophe ihren Anfang. Die Mutter hatte keinen Lebensmut mehr und brach jeden Kontakt mit der »heilen« Welt ab, um nur noch mit dem Leid zu kommunizieren. Inge hatte ganz selbstverständlich die negative Lebenserwartung der Mutter übernommen und im Leiden ihre Selbstbestätigung gefunden. Alle ihre Vorstellungen waren im Grunde negativ geprägt, so daß auch das Ergebnis entsprechend negativ war.

Nun machte sie Gott für ihr Scheitern verantwortlich, was zu einer fatalistischen Haltung führte. Der negative Kreislauf zog sich wie eine Schlinge um ihr Leben zusammen und hielt sie gefangen – bis sie erkannte, daß sie sich ja durch ihr negatives Denken und ihre negative Erwartung an das Negative verkauft hatte und es zu ihrem Verbündeten machte. Dadurch, daß sie dem negativen Denken Raum gab, konnte es zu einer Macht werden, die ihr Leben beherrschte.

Als ihr das bewußt wurde, sagte sie sich von dieser negativen Macht im Namen Jesu los und fing an, das Positive zu suchen und auszusprechen. Das war gar nicht leicht, denn sie hatte ja ihr Leben lang wie in einer Symbiose mit dem Negativen gelebt. Aber ganz allmählich setzte eine Verwandlung ein.

Wie viele Menschen kommen nie aus ihrer Anklage heraus. Ihr Denken und Reden bewegt sich in negativen Bahnen. Unser Leben wird mehr von unserer Einstellung, unserer Gesinnung bestimmt als von einzelnen Situationen. Darum ist es so entscheidend, daß hier eine Kursänderung geschieht. Wir müssen von dem negativen Denkmuster, das wir unbewußt übernommen haben, frei werden und ein eigenes, positives, vertrauendes Denken einüben. Und wenn mein Denken umprogrammiert worden ist, folgt auch eine neue Sprache.

Denken und Reden stehen gewissermaßen in einer Wechselbeziehung zueinander. Wenn nun mein Denken erfahrungsgemäß nicht so leicht positiv beeinflußt werden kann, beginne ich mit dem positiven Reden. Paulus fordert die Christen in Ephesus auf: »Saget Gott, dem Vater, jederzeit Dank für alles im Namen Jesu Christi, unseres Herrn!« (Eph. 5, 20) Das Danken sollte zu unserem Lebensmotto werden. Es mag sein, daß sich alles dagegen sträubt, denn man war ja ein Leben lang mit dem Klagelied vertraut. So versucht man, Gegenbeweise zu bringen, um weiter in der alten Klage verharren zu können. Wer stets geglaubt hat, Opfer zu sein, Opfer des Schicksals, der Umstände, der Familie, der distanziere sich davon; der muß aus seiner heimlichen Anklage herauskommen und anfangen, einen positiven Satz auszusprechen, eine positive Erwartung zu formulieren, eine Anerkennung dem Partner zu zeigen. So müssen wir an unserer Sprache arbeiten.

Wie oft höre ich aus dem Munde eines Menschen den Satz: »Mich versteht niemand!« Aber die Frage ist: Wie hat er sich verständlich gemacht? Sich verständlich zu machen bedeutet nicht, überall über das zu reden, was uns im tiefsten bewegt, oder zu allem unsere Meinung zu sagen. Sich verständlich machen heißt, daß das, was ich sage, mit dem übereinstimmt, was ich bin. Unser Reden muß sich mit dem decken, was wir denken und empfinden. Nun gibt es zweifellos Situationen, die es nicht angebracht sein lassen, das zu sagen, was wir denken. Oft muß der richtige Zeitpunkt abgepaßt werden, die Zeit für einen ehrlichen Austausch reif sein, sonst zerstören wir mehr, als wir aufbauen. Aber wir müssen lernen, unseren Unwillen nicht in Gefühlen auszudrücken, mit denen wir den andern bestrafen, sondern in sachlichen Argumenten. Und wer sich bei Spannungssituationen stets in Schweigen hüllte, der muß lernen, freundlich, aber entschlossen seinen Standpunkt darzulegen. Und derjenige, der es gewohnt war, mit einem Wortschwall den andern niederzureden, der muß lernen zuzuhören, was sein Gegenüber zu sagen hat.

Aus dem veränderten Reden folgt dann ein verändertes Denken (oder auch umgekehrt), und das veränderte Denken und das neue Reden führen schließlich zu neuen Taten. In der Bibel sind uns eine Fülle von Richtlinien gegeben, die für das menschliche Miteinander eine Hilfe sein sollen, damit wir in einer Harmonie miteinander leben können. So schreibt Paulus an die Christen in Rom: »Vergeltet niemand Böses mit Bösem, seid auf das Gute bedacht für alle Menschen. Ist es möglich – so viel an euch liegt – habt mit allen Menschen Frieden. Rächt euch selbst nicht . . .« (Röm. 12, 17).

Diese Regeln, die hier aufgestellt sind, hindern nicht den Menschen in seiner freien Selbstentfaltung, wie es heute so gerne kritisiert wird, sondern befähigen ihn und wecken die Kräfte in ihm, die ihn über alle andern Kreaturen so hoch erhaben sein lassen. Wir sind nicht dazu geboren, in Feindschaft zu leben. Darum muß eine Aussöhnung stattfinden, mit dem andern – und mit uns selbst. Diese Aussöhnung aber erfordert ein Umdenken. So müssen neue

Denkwege gebahnt und neue Verhaltensmuster eingeübt werden, denn nur dann kann es zu einem neuen Verhalten kommen.

Gott sagte durch den Propheten Jeremia seinem Volk in einer aussichtslosen Situation: »Pflüget ein Neues!« d. h. fangt ganz von vorne an. Aufs neue muß der Boden bearbeitet werden, aufs neue muß die Saat ausgestreut werden – aber dann folgt auch aufs neue eine Ernte. Und diesmal wird die Ernte eine andere sein. Und um dieser Ernte willen lohnt sich die Mühe!

c) Das Ziel

Das neue Gefühl

Wie oft höre ich den Satz: »Das weiß ich ja alles, aber . . .« Die Schwierigkeit liegt darin, daß unser Gefühl stärker ist als unser Wollen. Wie aber könnte unser Gefühl beeinflußt werden? Eine Belehrung bringt wenig. Das Wissen muß zu einer Offenbarung werden.

Wenn unser Denken umprogrammiert werden kann, so ist auch unser Gefühl beeinflußbar. Denn auch Gefühle sind nicht von Anfang an da. Sie sind entstanden. Und je nach Hintergrund sind Gefühle und damit verbundene Wertvorstellungen sehr unterschiedlich. Denken wir nur an andere Völker mit ihren unterschiedlichen Sitten und Wertmaßstäben, die wir nicht ohne weiteres nachvollziehen können, weil wir einen anderen kulturellen Hintergrund haben.

Das Gefühl ist also das Ergebnis eines gelebten Lebens. Es kann nur durch neue Tatsachen verändert werden. Das heißt aber: Neue Fakten müssen geschaffen und gesammelt werden, bis auch sie Erfahrung und schließlich Gefühl werden. Die Summe der geschaffenen Tatsachen macht Geschichte. Um einen negativen Eindruck zu bewältigen, muß ein neuer, positiver Eindruck geschaffen werden. So wie das negative Gefühl durch negative Erfahrungen geprägt wurde, so müssen wir positive Erfahrungen sammeln, damit das Gefühl eine positive Prägung erhält.

Ich will versuchen, das an einem Beispiel zu verdeutlichen: Ein älteres Ehepaar beklagte sich bitter übereinander. Der Mann warf seiner Frau vor, sie sei schludrig und vernachlässige ihren Haushalt. Und sie schimpfte ihn einen alten Kauz, der aus dem Haus ein Museum gemacht habe. Die Bitterkeit dieser beiden Menschen war so tief verwurzelt, daß sie zu einer gegenseitigen Ablehnung führte. Wie konnte das geschehen?

Der Mann hatte eine wertvolle Wohnzimmereinrichtung geerbt. Um sie zu schonen, blieb das Wohnzimmer geschlossen. Damit selbst die Sonnenstrahlen keine Spuren hinterlassen konnten, wurden auch die Jalousien heruntergelassen. Das ganze Leben spielte sich in der Küche ab. Zehn Jahre lang. Dagegen protestierte die Frau auf ihre Weise. Als sie merkte, daß ihre Worte keine Veränderung schaffen konnten, weigerte sie sich, das Haus in Ordnung zu halten. Sie hatte keine Lust mehr. Für beide aber stand nun fest: Sie war schludrig und er ein alter Kauz.

Nun fingen wir an, miteinander kleinste Schritte zu wagen. Und dann mußte er die Jalousien hochziehen und sie die Wohnung aufräumen. Und in der Tat räumte sie die Wohnung auf, und er zog die Jalousien hoch. Aber damit war das Gefühl, das sich so tief in ihr Leben hineingefressen hatte, noch nicht verändert. Nun mußten neue Tatsachen geschaffen werden, damit der alte Eindruck allmählich verblaßte. Denn eine Meinung, die sich über fünf, zehn, ja, vielleicht zwanzig Jahre hin gefestigt hat, ist nicht von heute auf morgen zu korrigieren. Aber wir müssen einander die Chance einer Veränderung geben und nicht von vornherein an unserem negativen Bild festhalten wollen.

Wir müssen also an unserer positiven Erfahrung arbeiten. Erinnern Sie sich, wie ein Kind laufen lernt? Es probiert zunächst noch zaghaft, sich auf seinen schwankenden Beinchen zu halten, kippt um, krabbelt aber sofort wieder hoch, um es erneut zu versuchen. Kaum vermag es sich einige Sekunden im Gleichgewicht zu halten, plumpst es wieder zu Boden. Doch auch dieser Fehlschlag kann das Kind nicht entmutigen. Wieder richtet es sich auf – und manchmal bedeutet das eine enorme Anstrengung! Und dann endlich der Triumph: Ich hab's geschafft! Die ersten Schritte sind gelungen. Aber welch eine Mühe ist dem Erfolg vorausgegangen! Und glauben wir doch nicht, daß uns in späteren Jahren der Erfolg in den Schoß fällt! In der Regel müssen wir schwitzen, wenn wir etwas erreichen wollen. Denken Sie an die Spitzensportler! Welch ein Training ist erforderlich, um zu solch einer Leistung zu gelangen!

Das Sich-vertraut-Machen mit einer Situation ist die Voraussetzung für eine Bewährung. Und erst Bewährtsein bringt Sicherheit und Selbstvertrauen. Dabei sollte das Ziel nicht zu hoch gesteckt werden. Kleine Schritte sind das Ziel für heute.

Das Alte ist vergangen

Ich habe einen Freund in Kalifornien. Er ist ein sehr erfolgreicher Arzt. Eines Abends teilte er mir das Geheimnis seines Lebens mit. Er sagte:

»Solange ich zurückdenken kann, war ich Christ. Aber ich kannte Jesus und seine Kraft nicht.

Die schmerzhafteste Erinnerung für mich war, als mein Vater starb. Damals war ich vier Jahre alt. Mein Vater war Farmer. Nach seinem Tod wurden wir sehr arm. Kurz vor dem Tod meines Vaters wurde ich krank und mußte ins Krankenhaus. Als ich dann wieder nach Hause zurückkam, war mein Vater nicht mehr da. Ich konnte das einfach nicht fassen. Ich sehe mich noch heute, wie ich verzweifelt von einem Zimmer ins andere rannte und nach meinem Vater schrie: ›Papa, wo bist du?‹ Und als keine Antwort kam, warf ich mich auf mein Bett und weinte verzweifelt.

Die Tatsache, daß mein Vater nicht mehr da war, hat mein ganzes Leben verändert. Ich schämte mich, ohne Vater aufzuwachsen. Ich schämte mich, vor den andern Kindern zu sagen, daß ich jetzt keinen Vater mehr habe. Damals wurden wir sehr arm, und ich schwor bei mir selbst, später einmal reich zu werden. Niemand sollte von mir sagen können: Der hat keinen Vater gehabt! Ich habe hart gearbeitet. Und ich habe erreicht, was ich erreichen wollte. Aber ich war nicht glücklich. Tief innerlich war ich noch immer verwundet und voller Minderwertigkeitsgefühle. Dann heiratete ich. Aber meine Ehe zerbrach. Ich lebte jahrelang in einem dumpfen Groll gegen Menschen – und gegen Gott. Jahre später begegnete mir jemand, der davon sprach, daß Jesus der Herr der Gegenwart, der Zukunft und der Vergangenheit ist. Da bat ich Jesus, mir zu zeigen, was das bedeutete. Und während ich betete, war es, als würde ich in die Vergangenheit zurückversetzt, bis dahin, wo meine Wunde noch immer blutete. Ich war wieder ein vierjähriges kleines Kind, das verzweifelt durch die großen Räume irrte und nach seinem Vater schrie. Und wieder fing ich an zu weinen, bitterlich zu weinen. Genau wie damals. Aber in dieser Exkursion in die Vergangenheit erlebte ich Jesus. Es war, als würde Jesus zu mir sprechen: ›Sei still. Ich bin da, und ich war auch damals dabei. Ich bin dein Vater.‹ Ich weinte noch immer. Aber jetzt war eine tiefe Entspannung über mich gekommen. In mir fing etwas Neues an zu wachsen.« So berichtete mir mein Freund. So beschreibt er es auch in seinem kürzlich erschienenen Buch.

Dieses Schlüsselerlebnis hatte sein ganzes Leben geprägt. Jetzt fing er an, all die Stationen seines Lebens noch einmal zu durchlaufen, seine zerbrochene Ehe und all die Enttäuschungen. Er durchlebte aufs neue eine Lebensstation nach der andern. Aber nicht allein. All das, wo er gekränkt worden war und verletzt, oder wo er andere gekränkt hatte und sie verletzte, all das erlebte er noch einmal. Aber diesmal nicht allein. Jesus stand neben ihm. Er war dabei. Auch damals. Nichts war ihm verborgen geblieben. Da durchströmte ihn eine tiefe Entspannung. Er atmete auf. Es war wie ein Heilwerden von einer Station zur andern.

Instinktiv spürte er, daß er jetzt nicht mehr bei den alten Wunden stehenbleiben durfte. Die Vergangenheit war vergangen. Es war etwas Neues geworden. Von da an interessierte ihn nur noch die Gegenwart. Er lebte im Heute.

Ich kenne viele Menschen, die müssen immer und immer wieder längst Vergangenes ausgraben. Sie leben gleichsam von ihrer Vergangenheit. Die durchlittenen Schrecken und Ängste, die überstandenen Erniedrigungen und Enttäuschungen sind zu ihrer täglichen Speise geworden, mit der sie ihre Seele nähren. Das Unrecht, das ihnen zugefügt wurde, all die negativen Erlebnisse sind ihr persönlichster Besitz, den sie nicht mehr missen möchten.

Die Psychologie befaßt sich primär mit dem Vergangenen.

Frankl sagt mit Recht, daß damit »seelische Hypochonder« gezüchtet werden, die immer »auf der Suche sind nach verdrängten Kindheitserlebnissen« und »psychische Ausreden suchen für ihre Mißerfolge und Verirrungen«. Wenn wir unserer Kindheit eine fast mystische Bedeutung beimessen und unsere Aufmerksamkeit darauf richten, was unsere Umwelt an uns versäumt hat, wenn wir für unser Scheitern jederzeit einen Schuldigen zitieren, werden wir nie von unserem Gestern erlöst. Dann haben wir auch keine Kraft für die Aufgaben, die uns heute gestellt sind.

Wir alle müssen an den Punkt gelangen, wo wir unser Gestern verlassen, wo wir aufhören zu überlegen, wie es hätte sein können, wenn . . ., was geworden wäre, wenn nicht . . . Diese Anklagen und Selbstvorwürfe! Das Alte ist vergangen und muß auch in uns Vergangenheit werden.

Wer sich selbst verliert

Da sitzt eine Mutter vor mir und bekennt: »Ich habe alles falsch gemacht. Es ist meine Schuld, daß meine Kinder sich so entwickelt haben. Ich war mit mir und meinen Problemen zu sehr beschäftigt, als daß ich für sie Zeit gehabt hätte. Ich möchte noch einmal von vorne beginnen, aber ich kann meine Kinder nicht wieder den Weg zurückschicken.«

Dieses Bekenntnis der eigenen Niederlage tut weh. Und sind wir nicht alle miteinander gescheiterte Existenzen? Wir alle haben versagt. Da ist nichts, auf das wir stolz sein könnten. Aber gerade dieses Bekenntnis der eigenen Niederlage hat eine Verheißung! In Psalm 51 lesen wir: »Das Opfer, das Gott gefällt, ist ein zerbrochener Geist. Ein zerschlagenes Herz wirst du, Gott, nicht verachten!«

Dieses Wort läßt nicht auf einen grausamen Tyrannen schließen, der rachsüchtig sich an der Niederlage seines Opfers weidet. Hier geht es um etwas ganz anderes, es geht um die Freilegung eines Schatzes, der sich in einem Gefäß befindet. Erst wenn das Gefäß zerbrochen ist, wird der Schatz sichtbar. Erinnern Sie sich an jene Frau im Neuen Testament, die ihr Gefäß mit Öl zerbrach, um die

Füße Jesu zu salben (Markus 14, 3)? Erst nachdem das Gefäß aufgebrochen war, konnte der Inhalt herausströmen und mit seinem Duft das ganze Haus erfüllen. Wenn wir dagegen versuchen, das Gefäß immer wieder neu aufzupolieren und seine Risse zu kitten, um sie besser vor den Blicken der andern zu verbergen – welchen Sinn hat dann unser Leben? Dann ist unser Ich unser Götze geworden, vor dem wir knien und den wir anbeten.

Wir müssen uns selbst aufgeben, verschwenden, vergessen, verlieren.

Wenn ich etwas verliere, so heißt das, daß ich es einmal besessen habe. Wenn ich aber etwas besitze, so bin ich der Herr darüber. Und jetzt soll ich mich selbst verlieren. Wenn ich etwas verliere, so geschieht das nicht beabsichtigt. Sonst würde ich es wegwerfen. Aber ich bin nicht wie ein wertloser Gegenstand, den ich voller Verachtung von mir werfen kann. Wenn ich mich verliere, dann vergesse ich mich, weil meine Gedanken mit einer wertvolleren Sache beschäftigt sind. Ich bin nicht mehr Ziel meines Strebens. Und darum brauche ich meine Zeit nicht mehr damit zu verschwenden, an mir selbst herumzuglätten.

Diese Haltung müssen wir einüben. So paradox das klingt. Denn etwas verlieren kann ich nicht üben. Entweder verliere ich es, oder ich behalte es. Aber wenn ich mich selbst verliere, so ist dies das Ergebnis einer Einstellung, die ich einüben muß. All die Begegnungen und Enttäuschungen, die Schwierigkeiten und Hindernisse sollen helfen, zu meiner eigentlichen Bestimmung zurückzufinden. Wenn ich mich nun gegen die Schwierigkeiten zur Wehr setze, sie wegschiebe, so habe ich keine Möglichkeit, das eigentliche Selbst in mir ausreifen zu lassen. Dann bleibe ich eine egoistische Verzerrung meiner selbst.

Folge mir nach

Wenn Jesus von der Nachfolge spricht, so gibt er uns damit zugleich ein Ziel: sich selbst. An ihm können wir uns orientieren. Er ist unsere Identität, zu der wir aber noch immer unterwegs sind (s. Abbildung).

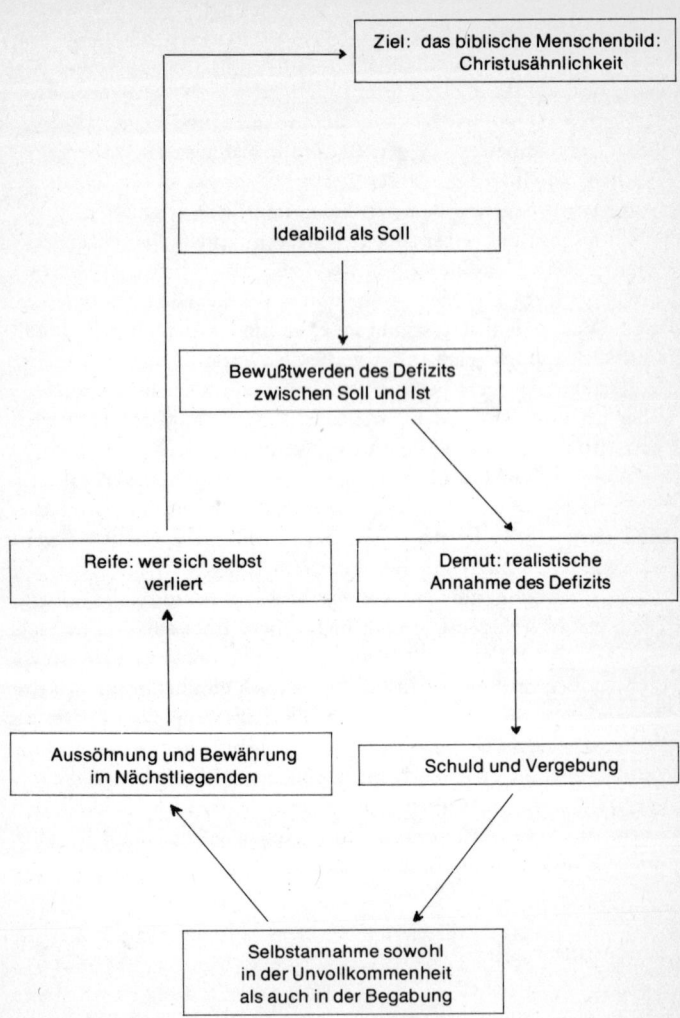

Ziel: das biblische Menschenbild:
Christusähnlichkeit

Idealbild als Soll

Bewußtwerden des Defizits
zwischen Soll und Ist

Reife: wer sich selbst
verliert

Demut: realistische
Annahme des Defizits

Aussöhnung und Bewährung
im Nächstliegenden

Schuld und Vergebung

Selbstannahme sowohl
in der Unvollkommenheit
als auch in der Begabung

90

Das Ziel, das wir nach der Absicht Gottes erreichen sollen, ist an gewisse Bedingungen geknüpft. »Wer mit mir gehen will,« sagt Jesus, »der verleugne sich selbst und nehme sein Kreuz auf sich und folge mir. Wer sein Leben festhält, der wird es verlieren. Wer sein Leben aber um meinetwillen aufgibt, der wird es finden« (Matth. 16, 24).

Diese Forderung steht im krassen Widerspruch zu der heutigen Lebensphilosophie. Und doch ist dies der einzige Weg, um sich selbst zu finden.

Die Nachfolge können wir nicht im Schlußverkauf zu Billigstpreisen erstehen. Der Einsatz kostet uns selbst. Gehorsam ist heute zu einem Reizwort geworden, und doch ist er die Voraussetzung eines erfüllten Lebens. Es muß ein Herrschaftswechsel stattfinden. Solange wir in unserem Reich König sein wollen, finden wir niemals zu unserer eigenen Identität, wir bleiben ewig im Defizit und leiden daran und reiben uns wund. Wir müssen unsere Position aufgeben, d. h. von unserem Thron heruntersteigen. Wir müssen aus unserer Anklage herauskommen. Wer ständig Fehler ausgräbt, um sich zu rechtfertigen, der macht eine neue Beziehung unmöglich. Wir müssen ändern, was wir ändern können, und stehenlassen, was wir nicht ändern können. Das ist Gehorsam. Dieser Gehorsam ist erlernbar, und zwar durch die widrigen Lebensumstände. Selbst von Jesus heißt es: »Obwohl er der Sohn war, hat er durch Leiden den Gehorsam gelernt« (Hebr. 5, 8). Und dieser Gehorsam hat eine Verheißung; die Verheißung, daß Gott selbst uns zu unserer Identität zurückbringt durch den Heiligen Geist, der denen gegeben wird, die ihm gehorchen (Apg. 5, 32).

Jesus ist gekommen, um den Menschen zu seinem Schöpfer und damit zu seinem Ursprung zurückzubringen. Und damit schließt sich der Kreis.

Unsere neue Identität besteht in dem Einssein mit der Absicht Gottes. Dieses Einswerden aber beginnt dort, wo der Mensch aufhört, in eigener Regie über sein Leben zu bestimmen, um Jesus Christus die Herrschaft zu übertragen.

Der Mensch wird solange von seiner Sehnsucht getrieben, bis er in dem Chaos, das über ihn hereinbricht, den Ruf Gottes vernimmt: »Kommt wieder, Menschenkinder!«

Der neue Mensch oder das wiedergefundene Ich

Erst wenn Veränderung geschieht, beginnt das Wachsen. Unsere Persönlichkeit beginnt in der Veränderung zu wachsen, und die Kräfte, die bis dahin verkümmert blieben, empfangen neues Leben.

In der Reifung werden alle die gegensätzlichen und unterschiedlichen Sehnsüchte eines Menschen integriert. Da ist der Mensch in der Lage, Beziehungen einzugehen und gleichzeitig Individuum zu sein. Er hört nicht auf, er selbst zu sein, er behält seine Individualität, aber zugleich ist er gemeinschaftsfähig.

Von diesem Menschen geht eine ruhige, vertrauenswürdige Beständigkeit aus. Er ist in der Lage, sich auf eine neue Situation einzustellen, wenn die Situation es erfordert. Er sehnt sich nicht zurück nach dem Vertrauten. Er kann – wie Paulus es in Philipper 4, 11 sagt – sowohl das eine sein als auch das andere.

Wenn diese Reife nicht erlangt wird, wird der Mensch neurotisch, egozentrisch und infantil.

Reife bedeutet, Spannung zu ertragen und in Schwierigkeiten sich bewähren. Sich bewähren aber setzt Übung voraus. Übung aber ist kein einmaliges Tun, sondern eine Handlung, die immer wiederholt wird, bis sie schließlich selbstverständlich geworden ist. So müssen wir uns auch üben im Gehorsam dem Willen Gottes gegenüber.

Die Reifung also ist ein Prozeß. Die Krönung aber ist die Frucht.

So oft versuchen wir, diese Frucht künstlich zu produzieren, sie nachzuahmen, und vergessen dabei, daß eine Frucht wachsen muß. Sie braucht Zeit und die entsprechenden Voraussetzungen, damit sie wachsen kann. Der Boden muß bearbeitet werden und Sonne und Regen müssen freien Zugang haben.

Auch der Mensch ist zum Wachsen hin angelegt. Wie alles andere in der Natur, so drängt auch der Mensch hin zur Reife und damit zur Frucht.

Eine Frucht hat Gewicht, sie wiegt schwer. Wenn wir sie in die Hand nehmen, so spüren wir eine Last. Viele Menschen suchen die Blüte. Sie wollen den Duft, das, was ins Auge fällt oder angenehm erscheint. Aber eine Blüte, die nicht befruchtet wird, hat ihren Daseinssinn verfehlt, sie verfault und stirbt ab. Frucht geht aber stets mit einer Last einher. Unter Umständen kann ein Ast unter der Last sogar abbrechen. So gehört auch das Kreuz zu unserem Leben, wenn wir zur Reife gelangen wollen.

Und wenn dieses Kreuz das in uns bewirkt hat, wozu es uns gegeben wurde, so wird am Ende der Tage die Decke von unseren Augen genommen, so daß wir das Bild unverhüllt sehen können, das in uns herausgearbeitet wurde. Und wir werden erkennen, daß auch das Widerwärtige in unserem Leben integriert wurde und letztlich dazu beitrug, diesen neuen Menschen in uns ausreifen zu lassen, der die Züge Jesu Christi trägt, wie Paulus sagt: »Wir alle spiegeln mit enthülltem Angesicht die Herrlichkeit des Herrn wider und werden so in sein eigenes Bild verwandelt, von Herrlichkeit zu Herrlichkeit durch den Geist des Herrn« (2. Kor. 3, 18).

Das Geheimnis in der Bewältigung des Minderwertigkeitsgefühls liegt also darin, das zu sein, was wir sind, und das zu tun, was von uns gefordert ist, um letztlich das zu werden, was wir sein sollen.

Ein Mensch, der sich von Gott angenommen weiß, kann sich auch selbst annehmen. Dieser Mensch muß sich nicht anstrengen, etwas zu sein. Er ist nicht ängstlich darauf bedacht, andern zu gefallen. Er ist einfach da. Und das, was er ist, ist er ganz. Ohne Reflexion.

Da die Selbstliebe nicht mehr Motivation seines Handelns ist, wird er auch nicht mehr von dem Gedanken der Resonanz in Anspruch genommen. Mit solch einem Menschen ist man gerne zusammen. Man fühlt sich in seiner Gegenwart entspannt. Sein Leben ist nicht ohne Probleme, aber diese Probleme beherrschen ihn nicht, denn er weiß, daß »denen, die Gott lieben, alle Dinge zum Besten dienen« (Röm. 8, 28).

Wir bleiben Menschen. Wir werden auch immer Fehler machen. Aber wir müssen Prioritäten setzen. Was wichtig ist, dazu müssen wir uns stellen.

Es tut weh, sich selbst in schonungsloser Offenheit zu sehen, sein Scheitern zuzugeben und zu bekennen, daß man schuldig geworden ist. Diese Schmerzen sind wie ein Todeskampf. Ich kann mich selbst nicht festhalten. Ich muß mich loslassen. Das, was hier stirbt, ist mein eigener Stolz, das Traum-Bild, das ich von mir hatte.

Dieser Prozeß des Sterbens aber ist mit einer Verheißung verbunden; der Verheißung der Auferstehung; der Saat vergleichbar, die in den Boden gelegt wird. Der ursprüngliche Zustand wird zerstört, damit das Neue keimen kann.

Eine neue Beziehung. Eine neue Motivation. Neue Taten. Neue Früchte.

Ein neuer Mensch.

Literaturverzeichnis

Adler, Alfred   *Wozu leben wir?*, Frankfurt 1980
Der Sinn des Lebens, ebd. 1980[8]
Studie über Minderwertigkeit von Organen,
ebd. 1977

Augustinus   *Bekenntnisse*, Fischer-Taschenbücher

Fabry, Joseph   *Das Ringen um Sinn – Eine Einführung
in die Logotherapie*, Freiburg 1980[2]

Frankl, Viktor   *Die Psychotherapie in der Praxis*,
Wien 1975[3]
Ärztliche Seelsorge, ebd. 1979[9]
Der Wille zum Sinn, Stuttgart/Wien 1978[2]
Das Leiden am sinnlosen Leben,
Freiburg 1980[5]

Fromm, Erich   *Ihr werdet sein wie Gott*, Stuttgart 19..

Lasch, Christopher *Das Zeitalter des Narzißmus*,
München 1980

Meves, Christa   *Manipulierte Maßlosigkeit*, Freiburg 1978[20]

Nee, Watchmann   *A living sacrifice*, Christians Fellowship
Publ. New York
Not I but Christ, Christians Fellowship
Publ. New York

Rogoll, Rüdiger   *Nimm dich, wie du bist*, Freiburg 1976

Weinreb, Friedrich *Hat der Mensch noch eine Zukunft?*,
Zürich 1980[2]
Vom Sinn des Erkrankens, ebd. 1979[2]
Der göttliche Bauplan der Welt, ebd. 1978[5]